Ayudar
a crecer

0-10
años

CÓMO COMPRENDER
LAS EMOCIONES DE
LOS NIÑOS

Robert Zuili

D0770501

**Ayudar
a crecer**

**0-10
años**

CÓMO COMPRENDER
LAS EMOCIONES DE
LOS NIÑOS

Robert Zulli

Grupo Editorial Tomo, S. A. de C. V.
Nicolás San Juan 1043
03100, México, D. F.

1a. edición, noviembre 2015.

© *Comprende les émotions de nos enfants*
Robert Zuili
Copyright © Mango, una marca de Fleurus Éditions, Paris, 2015.
15/27, rue Moussorgski
75895 Paris cedex 18

© 2015, Grupo Editorial Tomo, S. A. de C. V.
Nicolás San Juan 1043, Col. Del Valle
03100 México, D. F.
Tels. 5575-6615 • 5575-8701 • 5575-0186
Fax. 5575-6695
www.grupotomo.com.mx
ISBN-13: 978-607-415-756-7
Miembro de la Cámara Nacional
de la Industria Editorial No. 2961

Traducción: Ana Laura Ortega
Diseño de Portada: Karla Silva
Ilustración de portada: tomada del original, Copyright © iStock.com
Ilustraciones de interiores: Pág. 12: petrunjela/Shutterstock.com; pág.
38: Aynur_sib/Shutterstock.com; pág. 68: Luis Molinero/Shutterstock.
com; pág. 102: Zurijeta/Shutterstock.com; pág. 136: Annette Shaff/
Shutterstock.com; pág. 166: KonstantinChristian/Shutterstock.com
Diseño tipográfico: Armando Hernández
Supervisor de Producción: Leonardo Figueroa

Este libro se publicó conforme al contrato establecido entre
Fleurus Éditions, Mango y *Grupo Editorial Tomo, S. A. de C. V.*

Impreso en México - *Printed in Mexico*

CONTENIDO

Instrucciones para realizar los tests

Es posible que tu hijo no haya tenido la oportunidad de confrontar realmente alguna de las situaciones que se describen en estos tests. Esto no es un impedimento para hacerlos; solo necesitas responder a partir de lo que conoces de tu hijo y marcar con una cruz la respuesta que te parezca más probable. Por supuesto que puedes proponerle a tu hijo (es lo que nosotros te animamos a que hagas) responder las preguntas él mismo; puedes leérselas y, eventualmente, explicárselas si no las entiende. Esto le ayudará a elegir la respuesta que, según él, sea la más correcta.

Si no estás de acuerdo con su elección, lo cual puede llegar a suceder, intenta comprender su respuesta y explícale que no hay respuestas "buenas" o "malas": anímalo a responder en función de lo que le parecería o no lo mejor, y no en función de lo que considera que debe hacer.

¿Cómo leer el resultado del test?

Después de cada test hay un cuadro de evaluación en el que registrarás la respuesta elegida circulándola en cada línea y columna correspondientes.

Una vez que el cuadro esté completo (una respuesta por línea), suma cada columna y consulta los resultados del test.

NUESTROS HIJOS Y SUS EMOCIONES

A partir del surgimiento de la vida humana, ¡la emoción nace incluso antes del primer respiro! Los padres que tienen la oportunidad de experimentar la práctica de la haptonomía prenatal están convencidos de que existe un intercambio de orden emocional con el bebé. ¡Ir al encuentro y sentir la relación con su hijo instalado en el seno materno evidentemente genera emociones fuertes en los padres! En cuanto a lo que sucede con el bebé, las neurociencias aún no pueden determinar qué tanto experimenta este, ni tampoco si las eventuales emociones generan modificaciones fisiológicas asociadas, como pueden ser el aumento del ritmo cardiaco, sudores, dolores de estómago. Pero una vez que nace (y probablemente desde el útero), el niño es una verdadera esponja emocional. Este capta, percibe, siente los niveles de bienestar o de sufrimiento de su madre, y luego de ambos padres.

El cerebro se desarrolla suficientemente en el útero alrededor de la semana 25 del embarazo, en la que se establecen las conexiones subcorticales, para hacer la hipótesis de que al interior del vientre materno, el feto no está alejado (distanciado, liberado) de las emociones de la madre y que estas pueden influir en su estado mental, aunque su psique esté en etapa de desarrollo. Algunos padres se han sorprendido al sentir a su bebé sobresaltarse dentro del útero luego de escuchar un sonido fuerte. ¿Podemos hablar de un conato emocional que lleva a asociar el miedo con el sonido violento, así como la madre puede experimentar su propia emoción y compartirla con su bebé?

Durante toda su vida, el ser humano se enfrenta a sus emociones.

El niño de pecho vive sus primeros enojos (cóleras) a partir de la frustración que le genera depender del adulto para alimentarse. Más grande, tiene miedo a la hora de dormir pues es entonces cuando debe enfrentar a monstruos imaginarios. Un poco después, experimenta la tristeza de verse solo en el jardín de infantes, comprobando así el abandono del que teme ser víctima... De adolescente, reniega de las injusticias que padece y se rebela; de adulto, lucha por conservar sus logros, y de viejo teme a la muerte inminente.

Cohabitamos con nuestras emociones toda la vida, y en lugar de hacerlas nuestras mejores amigas, no mantenemos una buena relación con ellas. Indudablemente es porque nuestros padres no nos han enseñado a vivir en armonía con ellas, porque no nos han explicado cómo superar nuestros enojos, cómo aliviar nuestros miedos, cómo aprovechar más nuestras alegrías o respetar nuestras tristezas. Y nosotros mismos, padres potenciales o experimentados, ¿cómo hablarles a nuestros hijos de sus emociones? ¿Cómo permitirles a nuestros "pequeños" explotar todos sus recursos sin que grandes miedos lleguen a inhibirlos o profundos enojos a destruirlos? Es duro comprobar que nada nos prepara como padres para interactuar eficazmente con las emociones de nuestros hijos. Tampoco se nos enseña a desarrollar en nuestros hijos la capacidad de convivir mejor con sus propias emociones. ¡El asunto simplemente no se cuestiona! Y es así, ¡una fatalidad heredada de nuestro inconsciente colectivo! Los padres de nuestros propios padres nunca pusieron este tema en el centro de sus prácticas educativas. Desde hace mucho tiempo, lo más común es que los niños se enfrenten a la necesidad de tener que contener sus emociones, en vez de experimentarlas, y esto debido a la creencia equivocada y muy difundida de que una emoción contenida es una emoción dominada.

El objetivo de este libro es explicar a los padres el papel fundamental que juegan las emociones en sus hijos, en su relación con el mundo que los rodea, cuya primera frontera es el núcleo familiar. La emoción puede comportarse como un virus que llega a piratear el sistema psíquico y de conducta, generando sufrimiento. Y aunque no existe un antivirus emocional, existe, en cambio, una manera de hacer que el germen mute en programa virtuoso ¡y de descubrir que el placer de compartir momentos felices con tus hijos es muy contagioso!

¡Vivan las emociones!

COMPRENDER LAS EMOCIONES

EL PAPEL DE LAS EMOCIONES EN LA CONSTRUCCIÓN DE LA PERSONALIDAD

¿Qué es la emoción?

En 1994, Ekman y Davidson, profesores de psicología y psiquiatría y autores de *The nature of emotion*, definieron la emoción como un conjunto de reacciones agudas y no prolongadas, provocadas por un estímulo conocido y caracterizadas por un cuadro coherente de respuestas cognitivas y fisiológicas.

En 2008, Olivier Luminet, Doctor en Psicología y autor de *Psicología de las emociones*, detalló los componentes de una emoción a través de reacciones fisiológicas (latidos cardiacos, tensión arterial, temperatura...), de reacciones motrices (expresión facial, entonación, postura, gestos...), de experiencia subjetiva (interpretación), de evaluaciones cognitivas (agradable/desagradable, necesidades, recursos, intenciones...) y de tendencias a la acción (huida, evasión, compensación, ataque...).

En resumen, la emoción corresponde a una sensibilidad o una conmoción interior que se caracteriza por el involucramiento de diversos canales de sensaciones simultáneas (psicológico, físico, fisiológico), y que traducen, por su intensidad y duración, el vínculo experimentado en el mundo: sea que se trate de un suceso, de una persona o de un recuerdo (tristeza, enojo, miedo, alegría).

Las emociones del lactante

El campo de la psicología del desarrollo infantil ha permitido descubrir, a través de estudios sobre los bebés de unas cuantas semanas (de 10 semanas en promedio), que el niño es capaz de reaccionar emocionalmente a estímulos externos. Cuando se le presenta una hoja blanca con caras dibujadas en forma de *emoticones*, el lactante adopta actitudes distintas. Una cara sonriente es percibida como

agradable, una cara triste como inquietante y una cara atemorizada como amenazante. Estos estudios, realizados especialmente
por R. A. Spitz en 1946 y por J. S. Watson en 1996, demostraron
que el niño a partir de los tres meses de edad tiene la capacidad de manifestar modalidades de adaptación social por medio
de caras portadoras de expresiones cargadas emocionalmente.
Las manifestaciones emocionales del bebé no se hacen esperar
y son, desde el nacimiento, la expresión de necesidades primarias
a veces no satisfechas. El bebé hambriento llora: ¿se trata entonces
de una profunda tristeza? El bebé satisfecho va a esbozar sus primeras sonrisas mientras duerme: ¿acaso está sintiéndose feliz? Y
aquel que chilla aunque ya ha mamado, ¿tiene hambre aún? O
bien, el que tiene dolor de estómago, ¿está enojado (o inquieto) por
ser víctima del dolor? El que grita en su cuna, ¿tiene miedo? ¿Acaso la oscuridad es la fuente de la angustia? ¿Cómo estar verdaderamente seguros de qué se trata? Todas estas interrogantes son de
las más angustiantes que se hacen los padres cuando se enfrentan
al malestar aparente de su lactante. Estas situaciones son de las
más dolorosas para el niño, pues todavía no está en condiciones de
explicarlas claramente a quienes lo rodean. A partir de ahí, comienza un periodo en el que los padres intentarán conocer, interpretar, nombrar lo que perciben como manifestaciones afectivas y
sensoriales de su hijo. Algunos padres se confiesan impotentes
para descodificar las expresiones portadoras de emociones y se
cuestionan sin cesar cuál es el problema. Se dan cuenta que sensaciones probablemente dolorosas invaden al bebé; la envoltura
del cuerpo se convierte en la sede de interacciones desconocidas
y, a veces, muy desagradables. Este "Yo–piel", como lo nombrara
el psicoanalista Didier Anzieu[1], contribuirá a la construcción del Yo
del niño, como lugar de construcción psíquica de la relación con el
mundo exterior.

---

1 ANZIEU, Didier.– *El Yo–piel (Le Moi–peau)*, Dictionnaire International de la Psychanalyse, París, 2005.

Los padres frente a las emociones de su bebé

Algunos padres, casi resignados frente al malestar de su lactante, se sienten confundidos y presionados a intentar toda una serie de comportamientos basados en ensayo y error: hablando, haciendo masaje, subiendo al bebé al automóvil, dejándolo llorar, sermoneando, etc. Cada quien va identificando lo que parece funcionar, pero cuya réplica en el tiempo no siempre da los resultados deseados.

Otros más inmediatamente darán sentido y formularán interpretaciones que podrían parecer muy subjetivas para los demás: "Si llora es porque le están saliendo los dientes", "se devoró su leche y por eso le duele el estómago", "no le gusta quedarse solo y nos lo hace saber", "está enojado y nos lo dice a su manera", "si está tranquilo es gracias a la música clásica que yo escuché seguido cuando estaba en mi vientre", "si tiene hipo es porque está alterado", etc. También existen las emociones que demuestran una forma de interacción emocional que se da entre el adulto y el niño: "Me hizo un capricho negándose a dormir", ¡como si el niño hubiera tenido la intención manifiesta de hacer que el padre o la madre pagara por un daño sufrido anteriormente!

Claramente, todos los padres se han sentido desamparados, más o menos frecuentemente, frente a las misteriosas reacciones de su bebé. El desconcierto a veces se transforma en una gran angustia, incluso en terrible frustración cuando todas las tentativas de apaciguamiento son inútiles. La emoción de uno genera la emoción en el otro y a veces, en una especie de baile infernal, esas emociones negativas se autoconservan, incluso se despliegan y se hacen invasivas. En otros momentos favorables, el afecto del niño genera una respuesta afectiva equivalente de la madre. El paidopsiquiatra Daniel Stern habla de "afinación afectiva" entre la madre y su hijo. En los momentos dolorosos es cuando la presencia de los dos padres se vuelve beneficiosa, frente a los movimientos del humor que uno o el otro reprime y ante los cuales el niño no logra responder de forma apropiada. La madre puede apoyarse en el padre que toma el relevo, o viceversa. A este respecto, la condición de padre o madre solteros con un lactante es, sin duda, mucho más complicada que cuando el entorno familiar está lejano.

Así pues, la emoción es indisociable de la vida que nace, y cada padre lidia con sus propias emociones como mejor puede. ¿Y cuántos de esos padres se han preparado para lidiar con las emociones de su pequeño? ¿Qué modelos educativos o didácticos se han utilizado para enseñar al papá y a la mamá a aprehender el registro emocional? ¿Quién puede decir que se le ha explicado la manera de calmar los llantos del niño? Algunas de las "recetas de la abuela", transmitidas de generación a generación alaban los beneficios de tal ungüento, de tal planta o de aquella palabra mágica... ¡Pero lo cierto es que no existen instrucciones! Le toca a cada uno arreglárselas con su instinto, sus creencias, sus recuerdos infantiles, los consejos de su entorno, los foros de internet o sus propias convicciones.

El niño descubre poco a poco lo que las emociones le hacen sentir, lo que le hacen hacer o sufrir. Él grita, ríe, llora, sonríe, se tira al piso, se automutila, se contorsiona, golpea, se retrae, y mientras no haya adquirido la capacidad de hacerse entender por medio de la palabra, el gesto o la mirada, sus padres tienen que cumplir la función de mediadores sensibles. Las palabras, los actos, los silencios parentales se vuelven significantes y condicionan las primeras habilidades del niño para gestionar sus emociones. Por ejemplo: un bebé enfrentado a una situación frustrante puede llegar a golpear la cara de uno de sus padres. Este gesto acarrea una respuesta educativa sujeta a las vicisitudes emocionales a las que también los padres pueden verse enfrentados:

- Existe la postura didáctica por medio de la cual uno de los padres trata de explicar tranquilamente al niño que no se debe "lastimar", y que no debe pegarle a papá o a mamá, ni volver a hacerlo: "¡Vas a terminar entendiendo!".

- Existe la postura del talión que incita a uno de los padres a demostrar que pegar lastima, aun a riesgo de hacer llorar al niño haciéndole sufrir lo que él mismo le ha hecho al adulto: "¡Así, esto le servirá de lección!".

- Existe la postura contrarreactiva en la que uno de los padres minimiza lo que está en juego afirmando que un bebé no puede tener la intención de lastimar ni hacerlo a propósito: "¡Ay, mi chiquito, no te das cuenta!".

- Existe la postura de negación en la que uno de los padres hace como si no pasara nada, sin hacer siquiera un comentario ni gesto, y desvía la atención del niño hacia un juguete o una situación: "¡Mira qué lindo es tu osito!".

- Existe la postura llamada "superegoica", como emanación del superego, cuyo papel principal reside en su función moral represiva; uno de los padres tiene un enfoque virtuoso cuando habla del bien y del mal, de las reglas y las obligaciones: "¡No está bien, bebé. Eres malo cuando reaccionas de esa manera!".

Cada padre hace lo que considera adecuado según sus propios modelos, su historia, sus creencias, y el niño toma la inspiración de ahí. Toda experiencia emocional contribuye a construirlo poco a poco, y le ayuda (o no) a hacer de sus emociones una amenaza, una riqueza, una atadura, una fatalidad, una oportunidad. A lo largo de su maduración psíquica, el niño interactúa con sus padres sobre la base de armonizaciones afectivas que le permiten compartir sus experiencias emocionales. Este proceso contribuye poco a poco a la creación de una actividad simbólica que favorece la adquisición del lenguaje y enriquece sus modalidades de expresión: voz, posturas, reacciones... La emoción en el adulto es el león que debe uno domar, y cada uno de nosotros lo ha más o menos amansado, luego educado o bloqueado. El niño se fusiona con su leoncito y sus experiencias de vida le permiten, poco a poco, jugar con el animal, o bien, desconfiar de él, hacerlo un amigo fiel o un enemigo más o menos temible.

¡DE LA CONMOCIÓN A LA CONSTRUCCIÓN DEL YO!

Las emociones juegan un rol fundamental en la elaboración de la personalidad. Estas son el filtro que, más allá de nuestro acceso al pensamiento racional, nos permite construir el sentir, cuya representación será muy frecuentemente lo que un día llamemos "la realidad".

Desde su nacimiento, el lactante experimenta distintas emociones, y si tuviera la capacidad de ser consciente de ellas —como nosotros la tenemos de adultos—, sin duda se sorprendería de experimentar una sensación que no es del todo nueva, pero que tampoco domina. Esta sensación de hambre crea una tensión que no disminuirá más que con la condición de que el benévolo adulto lo alimente. Los psicólogos han descrito la facultad que tiene el bebé (la primera etapa de su vida, de dos a cinco meses) de sentir que es uno con su madre. La psiquiatra Margaret Mahler describe este periodo como una "fase simbiótica normal". Este movimiento de fusión le proporciona al niño la ilusión de una forma todopoderosa, porque le basta manifestar su incomodidad para que mágicamente se satisfagan sus necesidades primarias.

Luego, un día el bebé descubre que es distinto a su madre. Este proceso de individuación es lo que Margaret Mahler presenta como el nacimiento psicológico que sigue al nacimiento biológico. Poco a poco, el niño construye una conciencia de sí mismo diferenciada; experimenta sus primeras frustraciones, puesto que de ahí en adelante tiene la capacidad de anticipar la satisfacción o insatisfacción de sus deseos. Él descubre sus primeros enojos, que pueden tener pinta de reacciones de rabia y ¡que dejan atónitos a los padres! Es como si el mundo del lactante se derrumbara. Aunque este enojo no genera la reparación del daño vivido (privación de alimento, de cuidado), se transforma en tristeza profunda. A la inversa, si el niño siente que su necesidad fue satisfecha, se tranquiliza instantáneamente. Comúnmente es durante este periodo cuando el niño manifiesta sus primeras emociones fuertes. Grita cuando la madre o el padre lo dejan solo en su cama o su sillita; llora intensamente cuando mira la cara de un desconocido que intenta mostrarse amable.

El objeto transicional descrito por D. W. Winnicott[2] posee las cualidades tranquilizadoras de los "objetos amorosos" que son los padres. Los peluches, objetos transicionales por excelencia, son igualmente útiles en la construcción del espacio transicional gracias a valiosos aliados que son el tacto y el olfato. Los peluches (u otro objeto elegido para tal fin), que nuestros hijos luego rechazan ver lavados, les permiten ir manejando eficazmente la ausencia de los padres. Esta ausencia los puede enfrentar al vacío afectivo o psíquico cuando no se habla al respecto. Lo que no se dice corre el riesgo de convertirse en la fuente de una angustia profunda. La virtud de la palabra reside en que, si se expresa, se convierte en un apoyo lleno de sentido. Asociada a una entonación reconfortante, a gestos tranquilizadores, la palabra es un espacio de seguridad y de quietud en el cual el niño se reconstruye.

LAS EXPERIENCIAS EMOCIONALES ORIGINALES: SHOCKS Y SACUDIDAS...

Nuestras primeras heridas síquicas, aquellas que aún recordamos de adultos, son prueba de experiencias traumatizantes.

---

2 WINNICOTT, Donald.- *De la pediatría al psicoanálisis (De la pédiatrie à la psychanalyse)*, París, 1969.

Se trata de verdaderas cicatrices emocionales que continúan haciendo daño mucho tiempo cuando nuestros recuerdos asoman...

Estas heridas se relacionan con tres emociones negativas dominantes:

- Para el miedo: "la impostura" y "el abandono".
- Para el enojo: "el rechazo" y "la traición".
- Para la tristeza: "la vacuidad" y "la humillación".

En la edad adulta todas las personas son susceptibles de reaccionar exageradamente o, a la inversa, de minimizar sus reacciones frente a una situación que a otros no les parecería banal. Si prestamos atención y estas situaciones incómodas se repiten, hacen surgir una temática común. Se presentan haciendo eco de una herida original —que dormita en cada uno de nosotros— con diferentes intensidades según el evento o recuerdo en donde descansen.

Ejemplo de impostura

Cuando Alejandro era niño, sufrió en la escuela primaria lo que él considera un daño. Un profesor lo acusó sin razón de haber hecho trampa en un examen. Luego de haber sido informados, sus padres voltearon de cabeza su habitación para buscar, sin resultado, rastros de "acordeones". De todas maneras, sus padres lo castigaron debido a las acusaciones del profesor. Siendo totalmente inocente, Alejandro se dijo a sí mismo: "Si mis padres están convencidos de que hice trampa es porque yo no debo ser quien creo ser, si no ellos me habrían creído, no me habrían castigado y no le habrían dado la razón al profesor".

Poco a poco, él ha construido un sentimiento de impostura, ¡temiendo que quienes lo rodean se den cuenta un día que él no es quien ellos piensan que es! Con el fin de evitar toda sospecha

potencial que lo involucre, ha intentado dar por anticipado prue-
bas de que merece estar donde está: en familia, él está muy presente y decidido a servir a quienes lo rodean. En el trabajo,
siempre hace un poco más de lo que se le pide, aunque siempre
teniendo el temor profundamente anclado de que su éxito profesional no sea realmente merecido. Incluso a veces, le cuesta recibir los cumplidos que le hacen. Como se siente incómodo con las
señales positivas de reconocimiento, tiende a no querer recibir
regalos en su cumpleaños y le cuesta trabajo hacer cosas exclusi-
vamente para él. Su medio ambiente termina por acomodarse a su
comportamiento.

Ejemplo de abandono

Elena trabaja mucho y le cuesta mantener el equilibrio entre su
vida profesional y la privada. Tiene la imperiosa necesidad de
mostrarse intachable y se da cuenta de que no sabe conjugar el
trabajo con el placer. Su chamba es un trabajo duro... Ella lo sufre,
pero considera que solo pagando ese precio podrá tener éxito; está
consciente de "ese precio" que paga para conservar su aparente
estabilidad, e identifica elementos clave de su historia que condicionan su relación con el mundo.

Sus padres son grandes viajeros. Cuando Elena era pequeña, el
empleo de su padre obligó a toda la familia a desplazarse por las
cuatro esquinas del mundo. Siendo la mayor, ella se creó la idea de
que debía ser un ejemplo, de no ser una carga para sus padres. Sus
desafíos de pequeña fueron trabajar bien, ser formal, saber arreglárselas por sí misma, no molestar a nadie. Elena no sabe responder si fue una hija deseada, pero reconoce que sus padres siempre
le permitieron estudiar y crecer dentro de una buena situación
económica. Sin embargo, ella se da cuenta de que se comporta
como si no tuviera la conciencia probada de su mérito.

Esta temática del abandono no se basa forzosamente en una
adopción realmente vivida. ¡Existen padres biológicos que parecen

no haber "adoptado" a sus propios hijos! Estos niños, cuando se hacen adultos, tienen una autoestima débil; buscan señales de reconocimiento de todas las formas posibles: palabras de aliento, disponibilidad permanente de las personas cercanas, altos niveles de responsabilidad. Y, al mismo tiempo, alimenta la paradoja de sentirse incapaz de triunfar decididamente y rechaza los logros obtenidos, minimizándolos.

Ejemplo de rechazo

Bertrand firma documentos importantes en su empresa. Como es un experto en su campo, el presidente de la empresa edita algunos de sus comentarios para hacerlos llegar a los accionistas. Bertrand descubre que no aparece su nombre como autor de sus textos editados; se siente incapaz de expresar que le parece injusto que no se reconozca su trabajo. Luego de reflexionar en silencio, justifica la situación diciéndose: "Externar mi insatisfacción podría incitar al presidente a que me excluya de los círculos de influencia". Se queda callado, pero sabe que esto hace un eco profundo en su historia personal. Bertrand es el segundo hijo en una familia de agricultores. Su hermano mayor heredó la granja familiar, y él se compró una casa cerca de esta para afirmar su pertenencia al clan familiar. Sin embargo, no es capaz de reivindicar su parte, pues en el fondo cree que su familia ya lo ha "rechazado" y no desea que ese sentimiento se agudice exponiéndose. En su vida cotidiana, Bertrand cuida que no se reactive este sentimiento de exclusión y organiza todo para no vivirlo más. No hace nada que considere susceptible de ponerlo en peligro o que ponga en duda su pertenencia a los grupos en los que se desenvuelve: amigos, colegas, club deportivo, etcétera.

Esta situación lo hace poner excesiva atención en evitar cualquier conflicto, en nunca discutir abiertamente, en no destacar, en ser discreto y siempre demostrando una lealtad absoluta. Aun así, se arrepiente de no haber hablado en tal o cual situación, y sin darse cuenta desarrolla ciertos comportamientos de oposición pasiva que manifiestan su frustración. Esta es también una manera de autoafirmarse...

Ejemplo de traición

Luisa tiene un temperamento a veces rencoroso. Ella detesta las injusticias, el machismo, los juicios mordaces, los sermones... Ha ocultado una dolorosa experiencia en el rincón más oscuro de su espíritu. Cuando era muy niña, sus padres tuvieron que dejarla algunos años bajo el cuidado de sus abuelos. Ella se siente terriblemente culpable de que la hayan dejado ahí. Su abuelo abusó de ella con la complicidad pasiva, y a veces incluso activa de su abuela. Luisa nunca ha hablado de este horror, pero ha desarrollado una profunda aversión a los lazos íntimos. Es tremendamente desconfiada y le cuesta mucho trabajo depositar su confianza en alguien, abandonarse, creer que alguien pueda ser realmente sincero. En esta terrible historia, ella ha sufrido un daño doble: ¡el abuso sexual de los abuelos y la inconsciencia de los padres de haberla arrastrado a esa emboscada! Profesionalmente se hace respetar y se impone. Nunca nadie franquea sus límites. Con sus allegados muestra entereza, pero la desconfianza permanece hasta que no se atreve a mostrar plenamente quién es.

Este ejemplo es extremo. La traición se alimenta también de situaciones muy ordinarias: el divorcio de los padres, la ausencia prolongada de un allegado, la ausencia de apoyo o aliento, el silencio, censuras consideradas injustas, etcétera.

Ejemplo de futilidad

Vicente vive las cosas al 100 %... no, ¡al 150 %! Siempre está a tope en todo lo que hace, con el sentimiento permanente de que todo puede acabar de un momento a otro. Habla rápido, camina rápido, trabaja rápido y cree que no le debe nada a nadie. Él se ha hecho solo. Intenta olvidar del todo su historia. Sabe que no debió haber nacido; por lo menos, eso es lo que piensa. Sus padres siempre desearon tener dos hijos y se les concedió. Tuvieron un primer hijo, luego una hija que murió de meses. Vicente nació al año siguiente de la muerte de su hermana; es el tercero, el hijo de la subsanación. Fue hasta la adolescencia cuando descubrió esta realidad. ¡No existió ninguna foto, ni se dijo palabra alguna que describiera lo innombrable! Pero él siempre ha sentido que tiene un problema y se refiere a su existencia como estando sujeta a la suerte: "Es como si hubiera una espada de Damocles sobre mí...". Siente que tan solo "sobrevive" y, de hecho, sobrevive llevando al límite su existencia.

Ha elegido afirmar quién es demostrando constante y obstinadamente que él sirve para cualquier cosa. Quienes no se esfuerzan en la vida, para él no tienen legitimidad. La flojera y la ociosidad son características insoportables en vista del sentido de urgencia que Vicente ha desarrollado: ¡su lema es vivir la vida! Otras personas no quieren o pueden hacer esta elección. El punto en común es la convicción o el temor absoluto de no haber sido deseado. La vida cotidiana familiar se lo ha demostrado siempre, ¡incluso si una mínima señal de atención pudiera dar lugar a que interpretara que su existencia es reconocida y que es amado! Profesionalmente, la menor señal de insatisfacción de su medio ambiente se convierte en una herida personal y reaviva este doloroso recuerdo, profundamente anclado.

La futilidad se caracteriza por un sentimiento de inutilidad persistente. Las relaciones amorosas se convierten rápidamente en desastre, o incluso son inexistentes. Es como si hubiera una sanción personal impuesta: ser feliz es estrictamente imposible, y si se llega a iniciar una relación plena surge la sospecha y se piensa que no puede durar. ¡El placer está prohibido!

Ejemplo de humillación

Melanie tiene una sensibilidad exacerbada y sus relaciones profesionales tienen el sello de la aprensión y, al mismo tiempo, de la espontaneidad. Ella es muy comprometida y en sus palabras se perciben sus fuertes convicciones. Melanie lucha contra una sensibilidad fuerte que la hace sonrojar con frecuencia y sentirse un tanto avergonzada de no poder esconder esta emotividad. Ella se da cuenta de que ha desarrollado una clara tendencia a dar sentido, a interpretar, incluso a imaginar lo que los demás piensan. De hecho, ella lo relaciona con un suceso de su infancia ligado al nacimiento de su hermano, el tercer hijo después de dos hijas: apenas conoció a su hermano unos cuantos días luego del nacimiento, cuando su mamá volvió del hospital. Su mamá está triste y Melanie, de seis años, no entiende qué sucede. En vez de alegría, se percibe un profundo malestar. Finalmente los padres le explican a Melanie y a su hermana que su pequeño hermano no es como los demás, que no se nota mucho, pero que tiene síndrome de Down. La mamá llora y Melanie no puede evitar gritar "¡Yo lo amo igual!". Melanie reconoce haber "cargado" con la vergüenza de su madre y haber desarrollado una hipersensibilidad a las situaciones personales o externas en las que se pueda dar cualquier tipo de posible humillación. Ahí donde los demás pasarían por alto lo que no cuadra, Melanie ve asomar la punta de la deshonra potencial, que revela algo de su intimidad.

La humillación en cuanto herida original condiciona una fuerte sensibilidad personal: uno se sonroja, balbucea, tiembla, respiramos jadeando, tenemos un nerviosismo extremo... Se pone atención máxima a las situaciones vividas como injustas, y no solamente de uno mismo, sino también de los demás. Pero cualquiera que sea la actitud elegida, el sentimiento de culpabilidad de que la intimidad ha sido ridiculizada cohabita permanentemente.

Finalmente, en algunas personas estas diferentes heridas pueden coexistir o pueden seguirse una después de la otra. Entre más difícil haya sido repararlas a lo largo de nuestra historia, más funcionarán según el principio de las muñecas rusas llamadas *matrioskas*. Hay un orden establecido que respeta la jerarquía siguiente:

Miedo → Enojo → Tristeza

El miedo al abandono vivido larga y dolorosamente puede generar un sentimiento de injusticia y nos enfrenta al enojo de haber sufrido una traición. Si nuestras experiencias afectivas no vienen en contracorriente a este movimiento, proseguirá un sentimiento de inutilidad, de culpabilidad que forja nuestra convicción de no servir para nada, o sea, la futilidad.

EMOCIONES Y EDUCACIÓN

Si tuviéramos una aguda conciencia de algunas de nuestras posturas educativas y de las consecuencias que conllevan en el plano afectivo, sin duda cuidaríamos más nuestras emociones y las de nuestros hijos. ¿Qué padre no ha tenido la sensación de haber reaccionado de manera inapropiada frente a sus hijos? Nadie se escapa de los desaciertos, e indudablemente cometerlos es totalmente "normal" o simplemente inevitable.

En cambio, existen situaciones cuyas consecuencias nos son desconocidas. No medimos para nada el impacto de las palabras o de los comportamientos que adoptamos de manera repetida al principio. He aquí algunas situaciones de la vida cotidiana en las que la interacción emocional entre padres e hijos puede destruir el lazo afectivo.

El padre arbitrario

Interacción enojo en el padre → enojo en el niño

En ciertas situaciones, el padre confunde autoridad y autoritarismo; lo vuelve un principio. Existen situaciones que no soportan la discusión: "¡Es así y punto, se acabó! ¡Párale! ¡Ve a tu cuarto!". El niño lo vive como una injusticia y va a tener ganas de hacer precisamente lo contrario de lo que se le pide. Como no puede discutir, puede verse tentado a pasar a los actos prohibidos o rebeldes que van a sustituir a las palabras imposibles. Esa es su manera de desafiar una autoridad indiscutible.

El padre conciliador

Interacción miedo en el padre → enojo en el niño

El padre quisiera mostrarse comprensivo, pero no se da cuenta de que esta "amabilidad" aparente degrada su imagen de autoridad y la convierte en una de debilidad: "Ah, de acuerdo... Yo creo que no se trata de eso, pero experiméntalo por ti mismo. Ya se verá...". El niño interpreta que es libre y que puede hacer lo que desee. Aunque pueda sentirse satisfecho las primeras veces, muy rápido se da cuenta de que está abandonado a su suerte e intentará llamar la atención a su manera. Fracasará en ciertas tareas para solicitar la guía parental, el respeto a las reglas, o ajustará un poco los valores morales a su conveniencia, buscando en el fondo la represión, que es manifestación de la autoridad y cuidados parentales.

El padre instructor

Interacción enojo en el padre → miedo en el niño

La ejemplaridad es un valor para el padre y considera que su modo de funcionar es la única referencia a seguir: "Esto es lo que vas a hacer; es lo que te permitirá no correr riesgos. ¡Fíjate bien en respetar las órdenes al pie de la letra!".

El niño, comúnmente impresionado por "la sabiduría" que tiene y le transmite el padre, entiende que existen principios de los cuales no puede escapar bajo pena de sufrir la sanción que la vida podría infligirle.

El padre ansioso

Interacción miedo en el padre → miedo en el niño

El padre tiene como misión defender a su tribu de las amenazas externas que puedan deteriorar la integridad de los suyos. Controla, anticipa y bajo el pretexto de cuidar al otro, impone su sistema de creencias: "Sobre todo, pon mucha atención. Piensa que es importante para ti que hagas lo correcto. Concéntrate y todo estará bien. Confía en mí...". El niño se puede sentir tranquilo de tanta benevolencia, pero se da cuenta de la presión y la rigidez que ese sistema le impone. Sin embargo, él sabe que lo hacemos por su bien y, creyendo que se está cuidando, construye poco a poco comportamientos de protección que pueden alejarlo del mundo que le rodea.

El padre renunciante

Interacción tristeza en el padre → enojo en el niño

El padre se siente superado y en un callejón sin salida, del cual no sabe salir. Se siente incompetente y lo manifiesta abiertamente a modo de excusa anticipada: "En cualquier caso, ¿qué quieres que yo haga? Generalmente, mi opinión no cuenta mucho. ¡Pues bueno, arréglatelas tú solo!". El niño puede sentirse abandonado a su suerte y solo desea una cosa: luchar, provocar y hacer reaccionar al padre. Actúa como intentando ayudar a una persona en peligro. Detesta la depresión que lo rodea y, si nada cambia, verá de qué modo escapar de este universo.

El padre culpabilizador

Interacción tristeza en el padre → miedo en el niño

Frecuentemente el padre ha sido educado en el chantaje afectivo y considera, a su vez, que es el modelo a seguir: "Yo hago lo mejor que puedo aunque sea difícil, todo para hacer que vivas bien, y mira cómo me pagas. ¿Tú crees que es normal sacrificarse así por los demás? ¿Por qué me tocó esa responsabilidad?, etcétera. El niño se siente prisionero en el papel de "verdugo" que ocupa en el seno familiar. Tiene miedo de equivocarse e inhibe todas sus posibilidades para que nada comprometa el frágil equilibrio familiar. Se retrae y se encierra en las conductas estereotipadas más neutras posibles.

En definitiva, cada una de estas posturas puede presentarse temporalmente sin que se ponga en peligro el bienestar dentro de la relación padre-hijo. Por otro lado, cuando una o varias de estas se instalan prolongadamente, su misma naturaleza perjudica seriamente la capacidad del niño para interactuar emocionalmente. Los impactos afectivos pueden ser muchos y, a veces, devastadores, y abonan el terreno de todas las formas de psicoterapias o caminos de desarrollo personal posteriores.

Las interacciones emocionales padre-hijo también pueden ser extraordinariamente honestas, fructíferas y agradables para todos. Es evidente que cualquier postura parental nos invita a interrogarnos sobre nuestra propia infancia y nuestra capacidad de ser un "mejor padre" que los nuestros. ¿Tenemos la capacidad de serlo realmente? ¿Podemos permitírnoslo? Se trata de una promesa esencial que habla de nuestro sentido de responsabilidad como padres. No existen los padres perfectos, solo existen los padres en proceso de aprender a serlo...

APRENDER A MANEJAR LAS EMOCIONES DE NUESTROS HIJOS

Como hemos visto anteriormente, nunca hemos tenido la oportunidad de tomar lecciones para convertirnos en padres capaces de manejar eficazmente las emociones de nuestros hijos; lo cual implica, si queremos ser honestos con nosotros mismos, saber manejar también nuestras propias emociones. ¡Nuestro bebé no nació con un manual de instrucciones! Sin embargo, existe un protocolo que puede simplificarnos la vida, hacer que nuestras relaciones sean armoniosas y contribuir en gran medida a desarrollar las capacidades de adaptación de nuestros peques.

En las siguientes páginas, te proponemos descubrir dos situaciones para cada una de las tres emociones negativas pertinentes: en primer lugar el miedo, luego el enojo y, al final, la tristeza. Después de cada historia te presentamos dos escenarios diferentes, cada uno perfectamente probable y realista. Así, según el modo de reacción elegido por el niño, y los ajustes que hagan o no los padres, la conclusión de la historia será feliz o negativa.

Te toca a ti descubrirla...

EL MIEDO

El refrán nos enseña que el miedo es mal consejero. Es común comprobarlo en los niños que, con el pretexto de tener miedo a ser regañados, ¡desarrollan un conjunto de estrategias de evasión que los inclinan a cometer más errores! En momentos así, existe quizá un niño que para no ser reprendido por sacar una mala calificación, se ve tentado a imitar la firma de los padres en su libreta de calificaciones...

Cuando no sabemos regular el miedo, este nos instiga a desarrollar un conjunto de mecanismos llamados "de pseudoregulación": la evasión, la huida, la huida hacia adelante y la autodefensa. Estos mecanismos de pseudoregulación tienen como objetivo tranquilizarnos, reduciendo la tensión o el sufrimiento pero solo de manera específica y transitoria, ¡sin hacerlos desaparecer realmente!

Por el contrario, la regulación del miedo permite tranquilizarnos a largo plazo. Se trata del mecanismo de apaciguamiento al que podemos recurrir según las tres dimensiones complementarias: lo real (*me tranquilizo gracias a los elementos racionales*), lo imaginario (*me tranquilizo gracias a la definición de nuevas perspectivas alentadoras*) y lo simbólico (*me tranquilizo gracias a la ubicación de signos aparentemente triviales, pero que tienen un fuerte valor afectivo*). Cuando estos tres niveles coexisten, ofrecen una regulación óptima[3].

En las siguientes páginas te invitamos a descubrir dos historias ligadas al miedo. Te presentamos cada historia con una primera parte que plantea la situación a encarar, una especie de tronco común del que se desprenden dos alternativas. Ambas alternativas son dos escenarios diferentes, pero perfectamente probables y realistas, y cada uno tiene un final muy distinto. Este final lo determinará, por un lado, la forma de reacción elegida por el niño y, por otro, los ajustes que hagan o no los padres. ¡Un final termina bien, y el otro menos bien!

---

3 Estos principios se presentaron en detalle en el libro *Las claves de nuestras emociones* (*Les clés de nos émotions*, Ediciones Mango, 2014).

Situación 1: La historia de Hugo

Hugo se instala frente al televisor en pijama. Antes de irse a acostar, mira un último dibujo animado, tranquilamente sentado en el sillón.

—El padre: "¡Vamos Hugo, es hora de ir a la cama!".

—Hugo: "¡Ah!, ¿tan pronto? ¡Pero el dibujo animado no ha terminado aún!".

Hugo se levanta con rostro enfurruñado, lleva sus pantuflas en la mano derecha. De camino, le da un beso a su mamá abrazándose a su cuello. Luego camina lentamente por el pasillo que lleva a su habitación.

—El padre: "¡Date prisa! Deja de caminar lentamente, lo haces adrede y eso me saca de quicio".

—Hugo: "Ya voy, ya voy...".

El padre arropa al hijo en su cama. Un gran peluche ha encontrado su lugar en la cama, junto al niño. Una lamparita de noche filtra una luz tenue.

—El padre: "Buenas noches, hijo mío; que tengas lindos sueños. Hoy nada de pesadillas como anoche, ¿de acuerdo? Hasta mañana".

—Hugo: "Gracias, papá; buenas noches".

Luego de cerrar la puerta de la habitación, el padre se reúne con la madre en la sala.

—El padre: "¿No estarás pensando lo mismo que yo, verdad? Hugo ya se durmió y hace mucho que no hemos ido al restaurante de la esquina".

La madre mira en dirección de la habitación de Hugo.

—La madre: "Una cena los dos solos en el restaurante... ¿Por qué no? Es verdad que él casi nunca se despierta. Pero dejemos las luces encendidas en el pasillo y en la sala, y le dejamos una notita en la mesa con nuestros teléfonos por si acaso".

—El padre: "¡Muy bien, ya estoy listo! Tú te encargas de escribirle la nota y la pones en donde se vea fácilmente por si se llegara a levantar".

Los padres cierran la puerta de entrada suavemente y se dirigen al restaurante que está a unos cuantos metros de su casa.

Sentados en la primera mesa que encontraron y una vez ordenado, comienzan a relajarse cuando el teléfono de la mamá comienza a vibrar sobre la mesa. En la pantalla dice "casa". Con la mirada inquieta, voltea a ver a su marido y contesta.

—La madre: "Sí, Hugo, es mamá. ¿Qué pasa? Sí, estamos en el restaurante que está junto a la casa. No llores, respira. Sí, papá está conmigo. No, no; no nos fuimos a escondidas. La idea se nos ocurrió de pronto. Dejamos encendida la tele en la sala, acomódate en el sillón y vamos para allá inmediatamente. Sí, ya vamos. Anda, cuelga. Sí, te lo aseguro, llegamos rápido".

Los padres salen de prisa del restaurante. Sin decir una palabra llegan de prisa a la casa. En cuestión de minutos, encuentran a Hugo instalado tranquilamente frente a la pantalla de la televisión, el sonido apagado, y retorciendo compulsivamente una extremidad de su peluche.

—El padre: "¡Hugo, ya regresamos!".

Hugo solloza al decir estas palabras.

—Hugo: "¡Me asustaron mucho!".

Escenario negativo

—La madre: "¿Hugo, por qué no estás acostado?".

—El padre: "¡Por una vez que improvisamos una cena en el restaurante, y tú tienes que hacer tu drama!".

—Hugo: "Escuché un ruido, llamé a mamá y no me respondía. Fue por eso, no es mi culpa".

Hugo aspira ruidosamente tragándose los mocos. La madre voltea a ver al padre.

—La madre: "¿Hiciste ruido cuando cerraste la puerta?".

—El padre: "No, no, debe ser otra cosa".

La madre toma la mano de Hugo y lo lleva con ella. Él la sigue dócilmente y ella lo acuesta de nuevo.

—La madre: "¡No estoy para nada contenta! Vas a recibir un castigo. ¡Anda, apúrate y a dormir!".

—Hugo: "¡No, no quiero quedarme solo!".

—La madre: "¡Pero no estás solo!".

—Hugo: "Sí, pero ustedes se van a ir de nuevo apenas me duerma".

—La madre: "Ya regresamos, Hugo, y no vamos a volver a salir. Anda, se acabó ya, es hora de dormir".

La madre vuelve a cerrar la puerta y escucha que Hugo continúa lloriqueando. Se reúne con su marido que está sentado a la mesa, con gesto fatalista.

—El padre: "¡Qué noche!".

—La madre: "¿Encontraste algo para cenar?".

¿Por qué este escenario es negativo?
Se trata del escenario de pseudoregulación emocional:
¡presenta un final que no es satisfactorio para nadie!

Parece que Hugo tiene pesadillas de vez en cuando. Siempre está atento a lo que pasa a su alrededor cuando está acostado en su cama. Esa noche escucha algunos ruiditos que le generan miedo. Para calmarse, se levanta para ir a buscar a sus padres que son los únicos que pueden reconfortarlo. ¡Pero no esperaba encontrarse solo y su alma en la casa! ¡Se siente abandonado y su miedo se intensifica!

Escenario positivo ● ● ● ● ● ● ● ● ●

—La madre: "Hugo, ven conmigo. ¿Qué sucede?".

—El padre: "Anda, Hugo, ven, vamos a platicar".

—Hugo: "Ahhh, sí, ya voy... Es que escuché un ruido y me despertó, llamé a mamá, pero no viniste. Me empezó a dar miedo".

—La madre: "¿Y luego?".

—Hugo: "¡Me levanté y me di cuenta de que estaba solo en la casa!".

—La madre: "Estabas profundamente dormido, Hugo, y papá y yo tuvimos muchas ganas de ir a cenar al restaurante, tú sabes cuál, el que está aquí junto a la casa".

—El padre: "Pensamos que no servía de nada despertarte para avisarte que íbamos a cenar. Encontraste la notita que te dejó mamá y supiste dónde estábamos, ¿no es cierto?".

—Hugo: "¡Sí, pero yo prefiero saber de todos modos cuando ustedes salen!".

—La madre: "Ven, vamos, te voy a acostar".

La madre toma la mano de Hugo y lo lleva con ella. Él la sigue dócilmente y ella lo acuesta de nuevo.

—Hugo: "¿Se van a ir de nuevo?".

—La madre: "Hugo, yo creo que te dio mucho miedo darte cuenta de que estabas solo en la casa, ¿no?".

—Hugo: "¡Hasta creí que nunca iban a volver!".

—La madre: "Creo que no fue muy buena idea irnos así sin avisarte. No lo volveremos a hacer nunca más. ¡Te lo prometo!".

—Hugo: "Está bien, mamá".

—La madre: "Ahora papá y yo vamos a regresar al restaurante; está aquí al lado. Te voy a poner aquí el teléfono por si necesitas llamarnos. Aprietas este botón y se marca mi número automáticamente. ¿De acuerdo?".

—Hugo: "No sé...".

—La madre: "Te prometo que regresaremos cuando la aguja pequeña de tu despertador esté sobre el número 10. ¿Lo ves ahí?".

—Hugo: "Sí, lo veo. ¿Vendrás a darme un beso cuando regreses?".

—La madre: "Te lo prometo, tú estarás ya dormido, ¡pero papá y yo vendremos a arroparte y a darte un lindo beso! Nos vemos en un ratito. Voy a dejar encendida la luz del pasillo".

Hugo parece haberse tranquilizado. La madre cierra la puerta y se dirige a la cocina. Se reúne con su marido que está sentado a la mesa, con gesto fatalista.

—La madre: "¿Sigues con ganas de ir al restaurante? Hugo lo entendió bien, ya se tranquilizó y sabe que no nos tardamos en ir y volver".

—El padre: "Está bien. Parece que manejaste bien la situación".

Cierran la puerta detrás de ellos, el departamento está en calma, las luces del pasillo están encendidas. Caminan tranquilamente hacia el restaurante. Hugo siente que sus párpados se cierran suavemente.

¿Por qué este escenario es positivo?
Se trata del escenario de regulación emocional: ¡presenta un final agradable para todos!

Hugo tiene miedo de los ruidos y únicamente la presencia de sus padres lo calma. Cuando ellos regresaron, Hugo pudo explicar lo que le pasaba. En su interior se preguntó por qué se habían ido sin avisarle, ¡y quizá imaginó que a lo mejor no volvían nunca más! Sus padres supieron tranquilizarlo y explicarle las razones que los llevaron a salir sin avisarle: no quisieron despertarlo. Para calmar a Hugo completamente, pudieron decirle que no se irían jamás en secreto y que, sobre todo, no desean abandonarlo. A partir de ahí, Hugo puede volverse a dormir tranquilamente, ¡sabe que aunque se quede solo unas cuantas horas, cuando despierte papá y mamá estarán ahí!

Situación 2: La historia de Ana

Ana está sentada frente a la mesa del comedor. Es la hora de la merienda, el reloj marca las 16:34 horas. Todo está acomodado en la mesa cuando Ana se da cuenta, desconcertada, ¡de que no hay pan para hacer sus tostadas favoritas!

—Ana: "¿Papá? Parece que ya no hay pan".

El papá está en la habitación contigua y le responde a Ana.

—El padre: "Uy, se me olvidó por completo pasar a comprar pan de regreso a la casa. Le había prometido a tu madre que lo iba a hacer".

—Ana, con voz fuerte y segura: "Yo puedo ir a comprarlo, si quieres".

El padre entra al comedor y se acerca a su hija.

—El padre: "¿Te sientes segura de ir tú sola? Bueno, la verdad es que la panadería está aquí junto".

—Ana: "¡Ay, sí! ¡Papá, 'pofavó'!".

Ana se acerca a su padre en un arrebato afectuoso.

—El padre: "¡Articula! ¡Se pronuncia "por favor"!

—Ana: "¡Eso fue lo que dije!".

El papá le explica el camino a Ana mientras ella se pone los zapatos.

—El padre: "Tú conoces el camino, ya lo hemos recorrido muchas veces juntos. Pero pon mucha atención. En el semáforo, antes de atravesar fíjate bien que el hombrecito esté en verde. No atravieses la calle corriendo. Caminando a tu ritmo, estarás de regreso en 10 minutitos".

—Ana: "¡Ay sí, papá, ya sé!".

Ana y su papá caminan hacia la puerta y el padre sigue a su hija con la mirada.

—El padre: "¡Sobre todo ten mucho cuidado!".

—Ana: "¡Ay sí, papá!".

Unos minutos después, el papá abre la puerta de entrada para echar un ojo y descubre a su hija de cuclillas y llorando.

—El padre: "¡Ana!, ¿qué haces ahí? ¿Y por qué lloras?".

Ana solloza y se queda en la misma posición.

—El padre: "Vamos, entra, mi amor. ¿Dónde está el pan?".

—Ana: "¡No teeeengo el paaan! ¡No puuuude iiiir aaa laaa panaderíaaaa!".

El papá se acerca a Ana y luego la consuela abrazándola fuerte.

—El padre: "Cuéntame, ¿qué sucedió?".

—Ana: "Había un perro enorme en la banqueta y no me dejó pasar".

—El padre: "Le voy a avisar a tu madre, que ya no debe tardar, para que ella traiga el pan".

Ana se seca las lágrimas mientras su papá se aísla para telefonear a su esposa.

—El padre: "¿Hola?, Sí, ¿puedes hacer una parada para ir a comprar pan para la merienda de Ana? Ella quiso ir a comprarlo y le dio miedo en el camino... Ya te lo contaré".

El papá regresa con Ana y se sienta junto a ella en el sillón.

—El padre: "A ver Ana, ¿cómo era ese perro?".

—Ana: "¡Era e-noor-me! Todo negro con pelo muy largo".

—El padre: "Seguramente hablas de *Kiki*, el perro del vecino. ¡Es una gran bola de pelos y no es malo, si es ese del que hablamos! Además, él nunca sale de su jardín. ¿Se habrá escapado?".

—Ana: "No, no creo. Ladraba muy fuerte detrás de la reja. ¡Creí que me iba a devorar!".

—El padre: "Bueno, a ver, hija mía, ¡cómo te va a atacar si está encerrado! ¿Eh?, reflexiona".

Mientras tanto, la mamá de Ana regresa a la casa y descubre a Ana y al papá discutiendo.

—La madre: "¡Ya llegué! ¡¿Entonces, Ana, cuéntame?!".

—El padre: "Todo está bien. ¡Solo es que le tuvo miedo a *Kiki*!".

—La madre: "¿*Kiki*? ¡Ese es un gran flojonazo que no le haría daño ni a una mosca! ¿Le dijiste a Ana que lo conocimos desde que estaba cachorrito?".

—Ana: "¿¡!?"

—El padre: "¿Te acordaste del pan?".

—La madre: "¡Uy, estaba tan apresurada por regresar que lo olvidé!".

—Ana: "¡De todas formas, ya no tengo hambre!".

Escenario negativo

—El padre: "¿Cómo que ya no tienes hambre? Tienes que merendar, ¡no seas ridícula!".

El papá toma a Ana de la mano y la lleva al comedor. Ana, encabritada, se rehúsa a caminar.

—La madre: "¡Ven, vamos a comprar juntas el pan!".

—Ana: "¡No, déjenme!".

Ana se debate, logra escaparse de la mano de su papá y huye corriendo a toda velocidad hacia su habitación.

—La madre: "Déjala. Se va a calmar. Tú ve a la panadería a comprar el pan. Yo voy a verla".

La mamá se dirige hacia la habitación de Ana; la puerta está cerrada.

—La madre: "¿Ana? ¡Contesta!".

—Ana: "¿Qué?".

—La madre: "Ven, vamos a merendar, papá fue a comprar el pan".

—Ana: "¡No! Ya no tengo hambre".

La mamá decide entrar a la habitación de Ana.

—La madre: "Anda, sal ya. ¡Basta de este drama! *Kiki* es muy amable y no tienes ninguna razón de tenerle miedo. ¿Entiendes?".

—Ana: "¡No!, es malo. ¡No me gusta!".

—La madre: "¡Para nada! Es grande, ¡pero no por eso es malo!".

—Ana: "¡Si fuera amable, no hubiera querido atacarme!".

—La madre: "Vamos ya. ¡Basta de tus tonterías!".

—Ana: "¡No!".

—La madre: "Bueno, peor para ti. Así cenarás mejor esta noche. Te dejo sola sufriendo".

¿Por qué este escenario es negativo?
Se trata del escenario de pseudoregulación emocional:
¡presenta un final que no es satisfactorio para nadie!

Ana siempre ha tenido un poco de miedo a los perros. Rara vez pasa sola delante del jardín del vecino. El padre de Ana ha preparado la merienda, pero falta pan y Ana, queriendo demostrar que ya es grande, propone ir sola a la panadería para comprarlo. Su papá está de acuerdo y le explica las consignas de seguridad. Atemorizada por *Kiki*, Ana regresa y renuncia a ir, sintiéndose un poco avergonzada. Se queda en la puerta de la casa. El papá la encuentra ahí y la hace entrar. Pero, a partir de ese momento, ¡Ana ya no quiere merendar! Su padre no comprende el lado excesivo de la reacción de su hija e intenta, creyendo hacerle un bien, hacerla razonar. Sin embargo, Ana se pone a la defensiva y termina por quedarse sola en su habitación, sintiéndose sola frente a su problema.

Escenario positivo ● ● ● ● ● ● ● ● ●

—El padre: "¿Cómo que ya no tienes hambre?".

—Ana: "¡No, no tengo ganas de comer!".

—El padre: "Yo creo que te dio mucho miedo y que sería bueno rehacer el camino con tu mamá para que te des cuenta de que *Kiki* no es realmente malo".

—La madre: "Sí, esa es muy buena idea. De esa forma, iremos por el pan y podremos merendar juntos".

Un silencio llena la habitación. La mamá toma a Ana por los hombros.

—Ana: "Sí, ¿pero si *Kiki* nos quiere atacar a las dos?".

—El padre: "*Kiki* conoce bien a tu mamá. Ya ella te contará en el camino".

Ana y su mamá salen juntas de la mano.

—La madre: "¿Sabes?, si conozco bien a *Kiki* es porque tu papá lo compró cuando tú estabas muy chiquita. Pero ya desde entonces le tenías miedo, así que el vecino lo adoptó. Y después, nunca volvimos a hablar de eso".

—Ana: "¿En serio? ¿Era malo?".

—La madre: "No, para nada, era muy lindo, pero de cachorro era muy locuaz y tú apenas si caminabas; te hacía caer sin cesar y tú llorabas. Entonces...".

De golpe, Ana se detiene y con un dedo señala la reja.

—Ana: "Mamá, mira, él está detrás".

La mamá se acerca lentamente y llama a *Kiki*, que llega moviendo la cola y se levanta sobre sus patas traseras, poniendo las delanteras sobre la reja.

—La madre: "¡Hola, *Kiki*! Ven aquí, perrito mío. ¡Ay, sí, estás muy contento de verme! Ven, Ana, vas a poder decirle hola a *Kiki* y comprobar que él es muy amable".

—Ana: "Mamá, ¿estás segura de que me puedo acercar?".

—La madre: "Te lo prometo, ¡puedes confiar en mí!".

Ana se acerca muy lentamente a la reja y toca con la punta de sus dedos la cabeza de *Kiki* que se deja tocar fácilmente.

—La madre: "*Kiki*, mira, es Ana, ¿la reconoces? Déjate acariciar, Ana te tuvo miedo y necesita ver que tú eres un perro muy amable".

—Ana: "¡Es cierto, es muy dulce!... ¿Vienes mamá, vamos a comprar el pan?".

—La madre: "Sí, está bien. Ya ves que *Kiki* no te hace ningún daño. Te cuento que pronto será papá. ¿Te gustaría que nos quedáramos con uno de sus cachorros?".

—Ana: "No lo sé... hay que ver...".

—La madre: "¡En la merienda lo hablaremos con papá para ver qué piensa él!".

¿Por qué este escenario es positivo?

Se trata del escenario de regulación emocional: ¡presenta un final que permite a todos salir airosos!

Ana se siente comprendida y sus padres saben verbalizar su temor, lo cual la tranquiliza. Su mamá adopta una postura que da opciones a su hija y la ayuda a enfrentar su miedo, al mismo tiempo que la calma. Ana no se siente juzgada y va a lograr familiarizarse con el perro al que conseguirá, incluso, tocar, descubriendo que este perro en específico no es para nada agresivo. Ana se sentirá más confiada la siguiente vez y, quién sabe, hasta quizá tenga ganas de adoptar un perro, un pequeño cachorro de *Kiki*.

¿Cómo ayudar a tu hijo a dominar sus miedos?

Lo que no hay que decir o hacer...

¡No está bien que tenga miedo a su edad!

No hay una edad para tener miedo. El miedo, en cuanto que emoción, nos acompaña toda nuestra vida, incluso de adultos: miedo a fracasar, miedo de ser tomado por lo que no somos, miedo de no estar a la altura, miedo de ser traicionado, de que nos decepcionen, de revivir momentos difíciles...

Castigarlo si el miedo lo hace cometer errores

Tu hijo puede tender a dejar de hacerte partícipe de sus dudas, y a no atreverse a pedir tu ayuda aunque esta sea útil. Podría sentirse abandonado frente a las dificultades sufridas y buscar refugio en relaciones externas más gratificantes.

Si es varón, hacerle entender que un hombre no tiene miedo

Esto es alentar la creencia errónea de que un varón debe mostrarse fuerte porque es una persona perteneciente al género masculino. Esta creencia puede desarrollar en él una tendencia a considerar que la mujer es necesariamente más débil y que, por lo tanto, hay que cuidarla, protegerla, incluso si ella no lo pide. A menos que lo que se busque sea contribuir a desarrollar el carácter misógino al hacerse hombre.

¡Únicamente las "gallinas" tienen miedo!

Esta es una buena forma de alterar la autoestima y de empujar al niño a esconder sus emociones, creyendo que si las habla acabará exponiendo sus debilidades a plena luz. Por añadidura, ¡es el modo de hacerlo sentir culpable de no ser lo suficientemente fuerte para luchar contra sus miedos!

¡Es necesario que se controle!

Un niño entiende así que su miedo es una debilidad y que solo es temporal. Si él no logra superar su miedo, se sentirá culpable y hará todo lo posible para mostrarse a la altura de las expectativas de los padres, aunque sea doloroso para él.

Recordarle el dicho: "¡El miedo es mal consejero!"

Esto es renegar de que el miedo es un salvador potencial. Si bien es cierto que el miedo puede ser paralizante y reducir nuestra lucidez, no escuchar las señales del miedo (el estrés, la aceleración del pulso, los sudores, los retortijones de estómago) es arriesgarse a exponerse a un peligro tangible.

Decir que no es importante y minimizar sus palabras

De esta forma, el niño puede decirse que es demasiado sensible y concluir que es mejor quedarse callado. Si ya duda de sí mismo, es un buen modo de desarrollar su temor a que se burlen de él.

Lo que hay que decir o hacer...

¡Es normal tener miedos a su edad! / ¡Decirle que también los adultos tienen miedo!

El miedo es una emoción que todo el mundo siente, sin importar la edad. Tener miedo es normal, legítimo y a veces recurrente. Por cierto, la condición de adulto no resguarda de tener miedo y es sano que sea así. Tener miedo es tener conciencia de que algo nos tomamos a pecho, de que puede haber un riesgo o un peligro y que, siendo lúcidos, podemos lograr protegernos de los riesgos o peligros potenciales.

No importa si es niña o niño, somos iguales frente a los miedos que sentimos.

Aun si algunos modelos sociales no dan lugar a las mismas reacciones frente al miedo, las niñas y los niños sienten las mismas cosas. ¿Un niño será más audaz y una niña más astuta? La carga emocional asociada a un evento en particular es la misma, ¡cualquiera que sea el sexo de quien la vive!

El niño puede hablarte de sus miedos sin que lo juzgues

Aceptar que el expresar sus miedos es permitirle desmitificarlos y hacerlos menos angustiosos. Hacerle nombrar lo que le da miedo constituye el primer paso hacia una seguridad firme, a la que el padre puede contribuir ayudando al niño a entender lo que le atemoriza. ¡No es ni malo ni bueno en sí mismo!

Ayudarlo a verbalizar sus miedos con la ayuda de preguntas enunciadas en modo condicional

Tranquilizar a tu hijo es más fácil ayudándolo a hablar de lo que siente con preguntas que utilicen el modo condicional. Si él te dice que tiene miedo de los monstruos, y tú le respondes: "¿qué te gustaría que hagan contigo los monstruos?", le costará trabajo desarrollar sus ideas. Efectivamente, el presente utilizado en esa pregunta nos atrae hacia lo real y, a pesar de todo, ¡tu hijo sabe bien que los monstruos no van a hacerle nada en la realidad! Es probable entonces que se sienta bloqueado en su reflexión. En cambio, si utilizas la formulación: "¿qué es lo que los monstruos podrían hacer contigo?", la elaboración del pensamiento queda protegida y él podrá seguir nombrando lo que podría suceder como cosa plausible, pero no cierta. Reformular sus respuestas en modo de pregunta condicional permite en cuatro o cinco preguntas identificar el origen de su miedo. Él podrá, gracias a ti, actuar a partir de los elementos tranquilizadores tangibles y entender que su miedo a los monstruos está ligado a su temor de ser castigado o abandonado, o de verse solo, incluso de morir.

Proponerle hacer un dibujo

Si tu hijo no logra expresar su miedo, puede ser útil intentar que haga un dibujo diciéndole: "¿Y si intentas dibujar lo que sientes?". Luego, si el niño tiene ganas, es más fácil discutir juntos el asunto viendo el dibujo. Entonces le podrás hacer preguntas acerca de lo que podrían representar sus miedos utilizando el modo condicional.

¡Invitarlo a preguntar a sus amigos a qué le tienen miedo ellos también!

Se trata de permitirle darse cuenta de que lo que le causa miedo no es forzosamente lo mismo que para los demás, y viceversa. Preguntar a sus amigos, ¡es darse cuenta y sorprenderse de comprobar que ellos no tienen los mismos miedos que uno! Es aceptar también reírse de los miedos con los amigos y desdramatizar las posibles tensiones; a condición de que sus pares no se burlen los unos de los otros.

Lo que es importante recordar

El miedo alimenta el miedo, y más aún: este se refuerza y amplifica, impidiendo al mismo tiempo que el niño razone. Hay una especie de efecto contagioso que vuelve un tanto más complejo que el pequeño pueda tranquilizarse a sí mismo. Para el niño tampoco es natural explicar con precisión lo que le provoca miedo. ¡Es más fuerte que él! Y es ahí en donde los padres pueden ayudarlo a encontrar las palabras precisas para permitirle explicar lo que siente y lograr así tranquilizarlo. A veces, basta con hablar con el niño, "como si nada", para que su miedo disminuya o desaparezca.

Con frecuencia, el miedo se asocia a un peligro, un riesgo o una amenaza. Ahora bien, ¡lo que puede parecer aterrorizante para uno no lo es para el otro! No importa si este miedo es fundado o no, a partir del momento en que el niño lo siente, se vuelve una realidad. Esto quiere decir también que el pequeño es incapaz de cuestionarlo o ponerlo en duda; y si el niño teme cosas que no existen, indudablemente es que no sabe decir a qué le teme en la realidad. Esta es la razón por la cual, cuando somos niños, necesitamos de los padres, ¡ya que ellos saben hallar las palabras para calmar o ayudar a expresar los "verdaderos" miedos! Es por esto que, a veces, un niño compara a su papá con un superhéroe y a su mamá con una hechicera. También es por esta razón que a los niños les encanta disfrazarse de supermán o de hada, ¡y sentirse así un poco más capaces de superar sus propios miedos, salvando a los demás de los peores peligros!

¿Mi hijo es de naturaleza ansiosa?

☑ Test de 8 preguntas

Consulta las instrucciones en la página 11.

1. Cuando yo le hago una pregunta que él no sabe responder:

❏ a. Yo me siento bien de que él no esté tan cómodo y me pregunte si está mal no saber la respuesta.

❏ b. Hace como si nada e intenta darme una respuesta.

❏ c. Se toma su tiempo y, al final, me dice que no está seguro y que no sabe.

❏ d. Se pone inquieto en su silla, repite la pregunta y me dice que no sabe, intentando verbalizar todas las respuestas posibles que pasan por su mente.

2. La fiesta de su cumpleaños es el siguiente fin de semana y habrá diez niños invitados:

❏ a. Se muestra muy contento y me dice que no puede esperar a que sea la semana siguiente.

❏ b. Me pregunta varias veces quiénes vendrán y si envié todas las invitaciones. Controla si no se ha olvidado nada, ¡y se queja cuando algo no está perfecto!

❏ c. Está un tanto preocupado y espera que todo el mundo pueda venir y que haga un lindo día.

❏ d. Está tranquilo y cuando le hablo de la fiesta parece convencido de que todo saldrá bien.

3. En una hora debe ir a un paseo en bicicleta con sus amigos, pero una tormenta parece avecinarse:

❏ a. Ya está listo y confiado en que el clima estará bien.

❏ b. Se pregunta si el clima empeorará y si no es un poco peligroso andar sobre el camino mojado.

❏ c. Está contento pero un poco frustrado de que el clima no está como esperaba.

❏ d. No puede evitar mirar el pronóstico del tiempo y traza planes en caso de tormenta, prevé todos los escenarios posibles para que el clima no lo tome desprevenido.

4. Le han regalado un juguete muy esperado:

❏ a. Lo abre con precaución, preocupado de cuidar bien su amado juguete.

❏ b. Expresa su alegría intensamente y corre a abrirlo, muy excitado por haberlo esperado tanto.

❏ c. Se pregunta si es buen momento para usarlo, ¡no le gustaría que se rompiera por la prisa!

❏ d. Toma el juguete con cierto desapego y no le pone mucho interés.

5. Debe ir solo a comprar el pan por primera vez a la panadería de la colonia:

❏ a. No está del todo seguro de querer ir solo, pero se esfuerza por controlarse y se repite varias veces las recomendaciones que le has hecho.

❏ b. Te pide que lo vigiles de lejos y te dice que pondrá mucha atención.

❏ c. Finalmente no tiene ganas de ir y te dice que será mejor en otra ocasión.

❏ d. Va sin problema y te dice que todo saldrá bien y que no te preocupes por él.

6. El nuevo maestro de la escuela te manda llamar junto con tu hijo:

❏ a. Lo sientes intranquilo. En el camino, el niño se cuestiona sobre la razón de la cita. Finalmente él intenta convencerte de que vayas solo.

❏ b. El niño se cuestiona sobre la razón de la cita y plantea en voz alta las hipótesis menos favorables.

❏ c. El niño te pregunta tu opinión e intenta poner buena cara durante el camino.

❏ d. Él se dice a sí mismo que seguro el maestro manda llamar a todos los padres e hijos que no conoce bien.

7. Has decidido dejarlo en casa de sus abuelos el siguiente fin de semana, y es la primera vez luego de mucho tiempo:

❏ a. Él no expresa nada en particular y se comporta como siempre.

❏ b. El niño espera que salga todo bien y te pregunta si le llamarás por teléfono seguido.

❏ c. Ya verá él cómo le va. Ha llevado sus libros y juguetes favoritos.

❏ d. Él hubiera preferido ir en otra ocasión; ¡le hubiera gustado tener más tiempo para hacerse a la idea de no verte todo ese tiempo!

8. Se escucha un ruido desconocido en la casa justo cuando van a acostarse a dormir:

❏ a. Se niega a acostarse si el ruido continúa y prefiere quedarse contigo. Hará todo lo posible para retrasar el plazo para ir a la cama.

❏ b. Se ríe del ruido y bromea diciendo que es un monstruo que debe tener dolor de estómago.

❏ c. Te pregunta qué puede ser ese ruido y negocia poder llamarte desde su cama si el ruido dura mucho tiempo.

❏ d. Busca e intenta descubrir qué puede ser ese ruido. Plantea varias hipótesis y se demora haciéndolo para tener la respuesta antes de ir a dormir.

PERFILES

PREGUNTAS	I	II	III	IV
1	b	c	a	d
2	d	a	c	b
3	a	c	b	d
4	d	b	a	c
5	d	b	a	c
6	d	c	b	a
7	a	c	b	d
8	b	c	d	a

Registra en cada columna el total correspondiente a tus respuestas

TOTALES

Los resultados del test

Consulta qué columna tiene más puntos y lee el perfil correspondiente a continuación.

Si tiene igual o casi igual de puntos en distintos perfiles, y si hay puntuación baja en cada uno de los perfiles, significa que tu hijo es capaz de variar de intensidad en sus respuestas ansiosas. Esto manifiesta una clara sensibilidad ansiosa, pero también una riqueza emocional suficiente en sus respuestas de comportamiento para mantener su equilibrio emocional.

Perfil I:
en apariencia, tu hijo es desapegado o audaz

Indudablemente tu hijo es sensible, pero se protege ignorando o minimizando los riesgos a su alrededor. De hecho, a veces puede parecerte imprudente y otras despreocupado o provocador. El pequeño tiene la necesidad de sentirse en posición de fuerza para enfrentar las situaciones o intentará excluirse de la situación riesgosa. Tiene, incluso, un lado un tanto narcisista, ese del niño que desea mostrar que él "es muy bueno en algo" y que pocas cosas pueden quebrantarlo. En algunos casos muy marcados, hasta puede ignorar las consignas de prudencia y sacarte canas verdes según tu propia naturaleza (si eres o no ansioso). Por lo tanto, te sientes muy preocupado y a veces molesto debido a sus actitudes que dan la impresión de ligereza. Por eso nada es peor que imponerle reglas severas, pues el sentimiento de injusticia puede reforzar su tendencia a querer sobrepasar los límites, cueste lo que cueste. Es útil hacerle tomar conciencia de que a veces es normal tener miedos, ¡y que negar sus sentimientos es subestimar su propia capacidad a enfrentarlos y manejarlos! Negar lo que siente es el modo que tu hijo ha elegido para enfrentar el mundo.

Perfil II:
en apariencia, tu hijo se siente a gusto consigo mismo

Tu hijo parece tener ya una forma de lucidez y serenidad que, en ocasiones, causa admiración. Es la clase de niños que da la impresión de que las cosas son fáciles tanto con él, como para él. Tiene una gran autonomía y no solicita tu presencia más que cuando necesita de ti. Comprende las situaciones con tranquilidad, lo cual puede desconcertar a los adultos más ansiosos. ¡Hay que preguntarse si este niño es realista! Y la respuesta es afirmativa; este pequeño posee una mirada aguda sobre las situaciones, lo que le confiere la capacidad de estar calmado. ¡Este niño no es ansioso!

Sin embargo, los niños en apariencia "a gusto consigo mismos" demandan mucha atención y son exigentes en su manera de interactuar con el adulto, lo que a veces los hace mostrar un lado caprichoso. Estos niños tienen la necesidad de entender y que uno les proporcione las explicaciones útiles, incluso desde que son muy pequeños. ¡Toda una razón para desconcertar a ciertos adultos! Para ellos es igualmente importante sentirse bien atendidos, lo que implica estar presente y cuidar también hacerse respetar para que su desenvoltura no se convierta, tarde o temprano, en arrogancia.

Perfil III:
en apariencia, tu hijo es de naturaleza prudente

Tu hijo se caracteriza por un temperamento guiado por la prudencia y la contención. Es importante que controle los desafíos y que no se embarque en situaciones peligrosas. Este niño prefiere perder el tiempo y minimizar los riesgos, que destacar para hacer actos de valentía. Tiene una forma de discernir que le confiere un juicio y una postura razonables. Estos pequeños sorprenden a los adultos por su capacidad para mantenerse dueños de sí mismos y para privilegiar las soluciones seguras. El precio que se paga es que son menos audaces y que pasan bastante tiempo reflexionando, lo que pesa sobre su espontaneidad y posibilidad de improvisación. Tienen que dominar los temas y cualquier incertidumbre genera una postura de repliegue necesario ante las precauciones de uso.

Puede ser útil animar a este niño a tomar la iniciativa y riesgos calculados, a motivarlo a la expresión individual a fin de evitar que, eventualmente, la prudencia no se convierta en duda y en falta de confianza en uno mismo. El dicho *La prudencia es la madre de todas las virtudes* le queda bien a este niño, pero podría reducir su capacidad para gozar de los buenos momentos bajo pretexto de evitar cualquier decepción posterior.

Perfil IV:
en apariencia, tu hijo es ansioso

¡Tu hijo corre el riesgo de ser dependiente de sus emociones! La ansiedad puede llevar al niño a privarse de las cosas buenas y a seguir un protocolo severo que le es propio, de modo que pueda considerar aceptables las situaciones de ansiedad.

Hay que observar de cerca sus elecciones porque si bien es cierto que, aparentemente, le permiten sentirse mejor, el precio que paga son las renuncias que suelen ser excesivas. La incertidumbre lo altera realmente y lo lleva a querer imponer una forma de exigencia que puede convertirse, en periodos difíciles, en tiranía con los demás. Estos niños necesitan tener el control de los elementos, y cualquier sentimiento de pérdida de este control, aunque sea momentáneo, se transforma en una fuente de angustia pronunciada. Todo esto implica que sean niños activos, incluso hiperactivos, pues así pueden mandar las angustias lo más lejos posible del pensamiento presente. Puede ser útil acompañarlos con la ayuda de un psicólogo para niños, así superarán cualquier etapa difícil que sería perjudicial dejar enraizarse. Es posible que tu hijo se niegue a tomar esta opción, ya que su miedo al cambio es más fuerte que los posibles beneficios. Pero te toca a ti batallar con el síntoma e imponer autoridad, tomando en cuenta que si no se toman medidas, el sufrimiento podría ser permanente.

Las claves esenciales

¿Qué padre puede jactarse de nunca haber reaccionado torpemente frente a los miedos de sus hijos? ¡Es inútil e incluso vanidoso creerse capaz de ser moderado, justo, imparcial, objetivo, controlado, competente o ejemplar en todo momento! También es a partir de nuestras fallas donde nuestros hijos pueden construirse y diferenciarse de sus modelos parentales.

Por otro lado, nuestros hijos poseen una ingenuidad que los hace pensar, a veces muy a pesar de ellos, que sus padres tienen razón incluso cuando hacen o dicen cosas inadecuadas.

Hay acciones o actitudes sin consecuencias, y otras hasta insignificantes que quedan grabadas y pueden crear heridas dolorosas y duraderas. ¿Y si nosotros pudiéramos contribuir aún más a la felicidad de nuestros hijos? A continuación te ofrecemos algunos consejos para optimizar una postura parental compasiva.

Hay que tener siempre presente que el miedo nos induce a generar dificultades en donde más tememos. Eso que además nos da la razón, pero refuerza nuestro miedo.

Si tu hijo:

- tiene miedo de hacer las cosas mal en la escuela, los ejercicios escolares le parecerán difíciles; sobre todo si lo regañas desde las primeras malas calificaciones.
- teme ser rechazado en el patio de la escuela, se mantendrá retraído para protegerse y no animará a sus compañeros a que hablen con él. Anímalo a invitar a sus amigos a la casa o a ir a las de ellos.
- tiene miedo de que lo regañen, terminará por cometer la falta que le dará razón para ello. Hazlo reflexionar de modo que él crea que puede intentar nuevas formas de actuar la siguiente vez.
- piensa que los demás no se interesarán en él jamás, se dedicará a actividades que lo hagan equivocadamente restar importancia a esa situación. Evita que se encierre en un único pasatiempo o única práctica que se vuelva exclusiva.

¡NUESTROS HIJOS NECESITAN QUE LOS ANIMEMOS Y SENTIR QUE ESTAMOS ORGULLOSOS DE ELLOS Y, ADEMÁS, QUE TAMBIÉN SE LOS DIGAMOS!

¡El miedo, en cuanto que emoción, no perdona a nadie! Renegar de los miedos es renegar de uno mismo. Aceptarlos es la mejor manera de librarse de ellos.

Si tu hijo:

- tiene miedo y no se atreve a confesarlo, ¡cálmalo asegurándole que es normal tener miedo! Y una buena noticia: ¡él puede aprender a dominar este miedo para lograr lo que más le importa!
- siente vergüenza es que quizá considera que no está bien tener miedo. Es preciso luchar contra esta idea arcaica e inadecuada, ¡que aún lleva a algunos adultos a creer que tener miedo es ser débil!
- se esconde para hacer algo, significa que tiene miedo de las consecuencias. ¡Es necesario mostrarse indulgente y ayudarlo en vez de reprenderlo! Algunos adultos creen que criando en la adversidad a sus hijos resistirán mejor lo malo. Es cierto, estarán preparados para ello, pero difícilmente se permitirán vivir de otro modo que no sea en el trabajo duro, y les costará trabajo recibir hasta un regalo, por ejemplo.

AMAR A NUESTROS HIJOS ES CONTRIBUIR A HACER QUE SU DESTINO SEA MÁS DESEABLE QUE EL NUESTRO... ¡CUALQUIERA QUE HAYA SIDO!

Ser consciente de que todo el mundo puede equivocarse, y de que el derecho a cometer errores no constituye de ninguna forma una renuncia a la exigencia.

Si tu hijo:

- tiene miedo de decepcionarte, recuérdale que lo que él hace es, ante todo, por él mismo y no solamente por ti, ¡para hacerlo sentir bien o decepcionarlo lo menos posible!
- teme fracasar y siente que el privilegiado es el que hace bien las cosas, exígele reflexionar en nuevas maneras de abordar las situaciones.
- tiene miedo de probar nuevos platillos que cocinas, comparte con él el placer que sentiste al prepararlos; anímalo a probar su capacidad de reconocer sabores y a nombrar los ingredientes que componen los platillos. ¡Hazlo como juego!

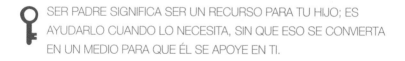 SER PADRE SIGNIFICA SER UN RECURSO PARA TU HIJO; ES AYUDARLO CUANDO LO NECESITA, SIN QUE ESO SE CONVIERTA EN UN MEDIO PARA QUE ÉL SE APOYE EN TI.

EL ENOJO

Algunos podrían considerar que es bueno enojarse; que el enojo es hasta una emoción positiva. ¡Pero hay confusión al respecto! En efecto, el enojo es una emoción negativa y dolorosa para quien la siente. Cuando el enojo nos invade puede incluso producir odio, deseo de venganza y todo un conjunto de sentimientos destructivos. El enojo alivia temporalmente a quien lo experimenta, ¡pero agrava más que arreglar las cosas!

Sin embargo, puede suceder que la energía manifestada para luchar y restablecer los daños sufridos sea de naturaleza restauradora de los desequilibrios y, en ese sentido, las consecuencias de un enojo pueden ser positivas. Aun así, sentir enojo sigue siendo un estado desagradable, incluso doloroso, del que hay que saber salir; es muy valioso ayudar a nuestros hijos a liberarse del enojo favorablemente.

Los niños saben bien enojarse, sea por un sí o un no, ¡a la menor contrariedad o frustración! Y esta condición se amplifica en el siglo 21, con las tentaciones cada vez más numerosas a las que están expuestos nuestros peques: teléfonos inteligentes, tabletas, internet, videojuegos. Todos estos avances tecnológicos multiplican las fuentes potenciales de discordia entre padres e hijos: la accesibilidad a todo, o casi a todo, duplicada por una facilidad aparente (vemos cómo un desconocido se convierte en estrella de la noche a la mañana en los *reality shows* de la televisión), confunden los códigos de valores y hacen a los niños poco resistentes a los límites y a las frustraciones.

Tales fenómenos sociales generan más fácilmente el enojo cuando nuestros hijos se enfrentan a obstáculos simples y por demás triviales. Frente a las exigencias de la vida cotidiana, a veces nuestros querubines, desde los más grandes a los más pequeños, se ofenden rápidamente cuando escuchan frases como estas:

- Apaga la computadora ya y saca la basura, por favor.
- ¡No pongas el teléfono celular sobre la mesa cuando estamos comiendo, guárdalo!
- ¡Apaga tu música y mejor levanta la mesa del desayuno!
- ¡Suficiente, apaga la televisión y ve a ordenar tu habitación!
- ¡No veas la televisión tan cerca, siéntate más atrás!
- ¡Guarda ese paquete de dulces donde lo encontraste, no vamos a estar comprando cada vez que vayamos al supermercado!
- No, no es momento de jugar...
- ¡Deja de gritar cuando te pongo los zapatos!
- ...

¡Y, pues sí, nuestros hijos tienen realmente la oportunidad de enojarse seguido! ¡Y, si quieren, todos los días! Además, el enojo tiene una desafortunada tendencia a autoalimentarse de las respuestas imperfectas del entorno. ¿Cuántas irritaciones o contrariedades podrían eliminarse si no escucháramos al que encuentra las palabras precisas para hacernos enojar, aun antes de que podamos hacerle entender algo coherente? ¡Nunca nos entregaron el famoso manual para evitar las tensiones y los conflictos que el enojo genera! Veamos cómo el enojo se manifiesta en las siguientes historias.

Situación 1: La historia de Teo

Teo invitó a Pablo, su mejor amigo, a jugar a su casa. Está muy contento de su visita y, orgulloso, le muestra su nueva espada de pirata que su abuelo le hizo cuando cumplió siete años.

—Pablo: "Hola, Teo, ¿cómo estás?".

—Teo: "¡Hola! Ven rápido, tengo una cosa que mostrarte en mi habitación".

Pablo sigue a su amigo que sube dando grandes saltos por la escalera en dirección a su habitación. Le cuesta trabajo seguirle el paso.

—Pablo: "¡No vayas tan rápido!".

—Teo: "¡Ahora vas a ver!".

Teo abre la puerta de su habitación con un gran gesto y sobre su cama destaca una magnífica espada de madera. Pablo se queda con la boca abierta.

—Pablo: "¡Guau!".

—Teo: "¡Es un regalo que me hizo mi abuelito por mis siete años!".

—Pablo: "¡Parece pesada!".

—Teo: "¡Sí, mira, pero ten cuidado!".

Pablo se apodera de la espada e intenta apuntarla hacia el techo con los brazos extendidos. El peso de la espada lo toma por sorpresa, pierde el equilibrio hacia atrás y tira la espada en un movimiento reflejo para caer con las dos manos. La espada se cae al suelo e intentando levantarse, Pablo pone un pie sobre la espada que termina rompiéndose bajo su peso. Teo se precipita para recoger la espada, está partida en dos, se queda con un pedazo en cada mano.

—Pablo: "¡Uyyy... Eh!".

—Teo: "¡Mi espada mágica, eres malo! ¡La rompiste!".

—Pablo: "¡Tu espada no es mágica!".

—Teo: "¡Sí, es una espada de pirata!".

—Pablo: "¡No sirve para nada!".

—Teo: "¡No, tú eres el que no sirve para nada!".

Alertado por el tono de voz elevado de los chicos, el abuelo irrumpe en la habitación y les pregunta qué sucede.

—El abuelo: "¿Qué pasa, niños?".

—Teo: "¡Pablo rompió mi espada adrede!".

—Pablo: "¡No!".

Teo muy enojado corre huyendo de la habitación e intenta azotar la puerta al salir.

—El abuelo: "¡Teo, regresa acá! Pablo no rompió tu espada adrede. ¡Regresa a jugar con tu amigo! Vamos, sé razonable, por favor".

—Teo: "¡No, él es muy malo! ¡Y además ya no es mi amigo!".

—El abuelo: "No es así, Teo, ya eres grande. Ven a hablar conmigo".

Escenario negativo ● ● ● ● ● ● ● ● ●

—El abuelo: "¡Teo, vamos, sé razonable!".

—Teo: "¡No, no tengo ganas! ¡Y además Pablo tiene razón, la espada que me diste no es mágica! ¡Me mentiste!".

—El abuelo: "¡Teo, cálmate, basta ya!".

—Teo: "No es justo, siempre es lo mismo".

—El abuelo: "Mira, tú sabes que Pablo es tu amigo desde que eras muy chiquito; no puedes decirle eso. ¡Ya están enojados los dos y son amigos!".

—Teo: "¡No quiero volver a verlo!".

—El abuelo: "Ahí vas de nuevo, ya fue suficiente. ¡Eres muy testarudo!".

—Teo: "¡Es su culpa, no tenía que haber roto mi juguete preferido!".

—El abuelo: "¿Y, entonces, ahora qué hacemos?".

—Teo: "¡Nada! ¡Déjame en paz!".

El abuelo hace un esfuerzo para no enojarse. Recoge los dos pedazos de espada, los pone sobre la cama y toma a Pablo de la mano.

—El abuelo: "Vamos, Pablo, ¿te llevo a tu casa?".

—Pablo: "Eh... sí, señor".

—El abuelo: "No te preocupes, todo el mundo hace tonterías. ¡Mañana ya quedará olvidado!".

—Teo: "¡Te estoy escuchando, abuelo! ¡Y no es cierto! ¡Estoy enojado para siempre! ¡Ustedes dos son malos conmigo!".

—El abuelo: "Voy a llevar a tu amigo a su casa, regresaré en cinco minutos, Teo, haz un esfuerzo por calmarte. ¡Hablaremos cuando regrese!".

¿Por qué este escenario es negativo?
Se trata del escenario de pseudoregulación emocional:
¡presenta un final que no es satisfactorio para nadie!

En la desafortunada conclusión, Teo termina igualmente dañado, pero la diferencia está en la postura moralista que adopta el abuelo: "Ahí vas de nuevo. Eres muy testarudo", que desde el punto de vista de Teo hace más grande la injusticia de la situación. Entonces, Teo continúa cerrándose, lo que provoca que el adulto no se esfuerce por arreglar el problema ni mejorar la situación. Teo experimenta el conflicto cada vez peor y lo interpreta como un rechazo. También se enoja con su abuelo que igualmente lo acusa de ser malo. Poco a poco, Teo podría construir un escenario en el cual no se sentirá ya amado, a riesgo de aislarse de los adultos y dejar de confiar en ellos.

Escenario positivo ● ● ● ● ● ● ● ● ●

—El abuelo: "¡Teo, me doy cuenta de que no estás contento y lo entiendo. ¡En tu lugar, quizá yo también estaría enojado!".

—Teo: "¡No me importa!".

—El abuelo: "¿Sabes, Teo?, Pablo está triste por haber roto tu espada".

—Teo: "¡Pues a lo mejor, pero eso no le quita lo malo que es!

—El abuelo: "Es verdad que no es justo, la acababas de recibir".

—Teo: "¡Sí! Y ya no puedo jugar más con ella, está arruinada".

El abuelo continúa hablando con Teo. Pablo observa la escena de lejos y Teo se acerca poco a poco a su abuelo, que le tiende la mano.

—El abuelo: "Teo, yo sé que te sientes muy contrariado, pero, ¿qué hacemos cuando se rompe algo?".

—Teo: "No lo sé".

—El abuelo: "Pablo, ¿qué haces tú cuando algo se rompe?".

—Pablo: "Eh..., bueno, ¿pues repararlo?".

—El abuelo: "Entonces, Teo, ¿qué piensas al respecto?".

—Teo: "Abuelito, ¿tú crees que...?".

—El abuelo: "¡Vengan conmigo al taller, niños!".

El abuelo lleva a los niños al jardín y luego se dirige hacia su taller; Teo y Pablo llevan cada uno un pedazo de la espada.

—El abuelo: "¡Bueno, niños, primero que nada voy a reparar la espada de Teo; y a ti, Pablo, ¿te gustaría tener una también?".

—Pablo: "¡Sí, señor! ¡Gracias! Por cierto, Teo, lo siento mucho".

Unos minutos más tarde, los dos niños tienen ya su propia espada y libran un combate contra un enemigo imaginario.

—Teo: "¡De a dos somos los más fuertes!".

—Pablo: "¡Tu abuelo también es muy fuerte!".

¿Por qué este escenario es positivo?
Se trata del escenario de regulación emocional: ¡presenta un final que permite a todos salir airosos!

En la conclusión feliz, Teo logra tranquilizarse. Su abuelo juega aquí un papel fundamental, ya que intenta verbalizar lo que Teo podría estar experimentando. Para un niño nunca es evidente decir con precisión lo que percibe. Y es gracias a la formulación de lo que siente, que Teo puede tranquilizarse poco a poco. De hecho, él se considera comprendido y reconocido en la situación que experimenta como injusta.

Pero lo que permite que Teo se tranquilice del todo y que, incluso, no siga enojado con su amigo Pablo, es que el abuelo logra que Pablo exponga una solución: reparar la espada.

Teo no sigue enojado pues ha conseguido que su juguete haya sido reparado, y Pablo, que de golpe deja de sentirse culpable, logra fácilmente pedirle disculpas a Teo.

Situación 2: La historia de Lola

Lola y Camila se pelean al momento de poner la mesa.

—Lola: "¿Y por qué me toca a mí poner la mesa?".

—Camila: "Ya lo sabes. ¡Todos los martes en la noche te toca a ti hacerlo!".

—Lola: "¡Ayer yo puse los vasos!".

—Camila: "Sí, ¿y? Es cierto que poner 4 vasos es complicado, es un gran esfuerzo...".

—Lola: "Pues sí, poner 4 vasos es una tarea bastante delicada".

—Camila: "¡Basta, ya vas a empezar! ¡Parecería que lo haces adrede!".

—Lola: "¡Ayer te ayudé y ahora tu pones mala cara! Gracias".

—Camila: "No, bueno, basta".

La mamá de Lola y Camila lleva varios minutos frente a la puerta del comedor y observa a sus dos hijas discutir.

—Lola: "¡Mamá siempre nos dice que tenemos que ser SO-LI-DA-RIAS! ¡Y tú ni siquiera me quieres ayudar!".

—Camila: "¿Qué estás diciendo? ¡Ese no es el problema!".

—Lola: "¡Ashhh! ¡Mamá!".

—La madre: "Yo estaba ocupada con la ropa, regreso y veo que ustedes están peleando. ¿Qué pasa?".

—Camila: "Eh...".

—Lola: "¡Mamá, Camila no me quiere ayudar a poner la mesa!".

—Camila: "¡A ti te toca los martes!".

—La madre: "¡Bueno, tranquilas, niñas! ¡Yo estoy muy cansada de lo que hecho en el día, así que cálmense!".

—Lola: "Ayer yo ayudé a Camila a poner la mesa y hoy ella me está obligando a ponerla yo sola".

—La madre: "Lola, hay reglas que todos aquí establecimos y aceptamos, ¡así que espero que las respetes!".

—Lola: "¡Pues bueno, no lo creo así, siempre es lo mismo! ¡Camila es la más grande y cree que tiene todos los derechos sobre mí!

Escenario negativo ● ● ● ● ● ● ● ●

—La madre: "Lola, ¿qué es lo que farfullaste? ¿Tienes algún problema?".

—Lola: "¡No, todo está bien! ¡Estoy harta de esto! Siempre es lo mismo. ¡Siempre hay que escucharla a ella!".

—Camila: ¡Esto es demasiado! No hice nada y ahora va a ser mi culpa".

—Lola: "¡Pues es justo que así sea! ¡No hiciste absolutamente nada!".

—Camila: "¡Eres una verdadera arpía! ¡Toma, listo, te lo buscaste!".

Lola va sobre Camila para jalarle el cabello.

—Lola: "¡Aghhhhh!".

—La madre: "¡No se jalen el cabello, niñas! ¡Vamos, paren! ¡Basta, no quiero ver más! Siéntese cada una en una esquina de la mesa. ¡Siempre encuentran el modo de pelearse cuando su padre está ausente en la noche!".

—Lola: "Aghhh".

—Camila: "Uff".

—La madre: "¡No lo entiendo, hago todo por ustedes y este es el resultado! ¡De verdad, bra-vo! ¡Y gracias!".

—La madre: "¡Me había hecho ilusión de darles la sorpresa de ir a cenar a un restaurante las tres, en plan de chicas, pero así ya no tiene sentido! ¡De verdad que no se lo merecen!".

—Lola: "Pues en ese caso, ni siquiera valía la pena poner la mesa si íbamos a cenar fuera".

¿Por qué este escenario es negativo? Se trata del escenario de pseudoregulación emocional: ¡presenta un final que no es satisfactorio para nadie!

En la conclusión desafortunada, la madre, irritada por la reacción de Lola, hace un comentario que Lola vive como reproche: ¿Qué es lo que farfullaste? A partir de ese momento, la escalada verbal, típica de un conflicto alimentado por el enojo, se entabla entre las dos hermanas y conduce a una serie de reproches y acusaciones alternados. El punto culminante es el comportamiento agresivo de Lola, que le jala los cabellos a Camila. La madre, definitivamente enervada y luego decepcionada, hace comentarios culpabilizadores: "¡Hago todo por ustedes y este es el resultado!", "¡Me había hecho ilusión de darles la sorpresa!". El resultado de la situación es una sanción, más la anulación de la sorpresa de una agradable cena fuera de casa.

La especificidad de una situación no regulada resulta en que cada una arrastra una tensión emocional negativa que altera los sentimientos y ataca poco a poco la solidez del lazo afectivo.

Escenario positivo

—La madre: "Lola, creo que entendí, pero quizá querrías explicarme qué sucede".

—Camila: "Yo te explico, mamá, de hecho Lola...".

—La madre: "Camila, creo que le pregunté a Lola. Primero la voy a escuchar y luego te escucho a ti si quieres agregar algo, ¿de acuerdo? Entonces, Lola...".

—Camila: "Pero...".

—La madre: "Camila, estoy segura que te molesta que alguien quiera hablar por ti, ¿no?".

—Camila: "Eh..., sí...".

—La madre: "Bueno, Lola, te escucho".

—Lola: "Hoy es martes, y en la noche me toca poner la mesa".

—La madre: "Estamos de acuerdo, y Camila se acuerda bien de ello. ¿Y entonces?".

—Lola: "Sí, pero yo tenía ganas de que Camila me ayudara; como yo la ayudé ayer, por eso pensé...".

—Camila: Sí, ¡pero yo no tengo ganas de hacerlo!".

—La madre: "Y fue en ese momento cuando yo llegué...".

—Lola: "¡Me chocó que Camila se negara a ayudarme! Me pareció injusto. Me dije a mí misma que, con la pena, ¡no la ayudaré nunca más! Tenía ganas de golpe de hacerla refunfuñar".

—La madre: "Sí, me di cuenta, y es lamentable, Lola. Si le hubieras explicado a Camila lo que sentías, quizá ella habría podido entender tu punto de vista, ¿no?".

—Camila: "¡Ay, gracias mamá! Lola, probablemente eso es verdad".

—La madre: "Bueno, pues las dos terminaron enojadas y eso hubiera empeorado. La próxima vez háblenlo entre ustedes, ¿ok?".

—Camila: "Sí, Lola, siento haber querido darte órdenes".

—Lola: "Y yo de vengarme. No lo hice por mal. Tampoco tú, ¿no?".

—Camila: "Mamá, ¿qué estás haciendo?".

—La madre: "La mesa no está puesta, ¡así que pónganse el abrigo que vamos a come algo fuera! Anden, ¿vienen las dos?".

¿Por qué este escenario es positivo?
Se trata del escenario de regulación emocional: ¡presenta un final agradable para todos!

En la conclusión feliz, Lola se siente escuchada por su madre, lo que hace que, de entrada, disminuya la presión. Sin intentar darle la razón a una o a otra, la madre les permite entender la forma en la que cada una percibe y siente la situación.

¡Lola y Camila comprenden que se irritaron mutuamente hasta correr el riesgo de agotar la paciencia de ambas! Su mamá, sin hacerles reproches, les recuerda las reglas establecidas en la familia. Entonces, cada una logra verbalizar lo que siente y entender que es muy fácil dejarse llevar por los instintos, y que la situación habría podido empeorar rápidamente. El enojo puede, efectivamente, hacer que los niños busquen la provocación o quieran vengarse. Pero aquí, con ayuda de la madre que se coloca como árbitro conciliador, las dos chicas logran salir del círculo vicioso del enojo y terminan por pedirse disculpas mutuamente, lo cual tiene el valor del reconocimiento del daño y el valor de la reparación del mismo. Instantáneamente, la situación se tranquiliza.

¿Cómo ayudar a su hijo a manejar sus enojos?

Lo que no hay que decir o hacer...

¡De entrada, reprocharle que no se controla!

Un niño enojado es la manifestación de su incapacidad para controlarse. Insistir sobre esta falla es confrontarlo a la desagradable comprobación de que no está a la altura. El niño sabe bien que no se controla y el reproche solo lo herirá, lo que solo agrega al daño inicial y probablemente confronte al niño en la postura de oposición o de agresividad típica del enojo.

Demostrarle que usted es el más fuerte

El enojo se puede convertir en relación de fuerza entre el niño y el adulto cuando este último trata de imponer que el niño se someta a su autoridad: "¡Termínala ya! ¡Yo soy el que decide y tú haces lo que yo digo!". Con esta actitud se corre el riesgo de introducir en la relación padre-hijo un modo de comunicación que promueve la confusión entre la autoafirmación y la dominación del otro.

Dejar que el niño haga lo que quiera, creyendo que la situación va a pasar tarde o temprano

Puede ser tentador creer que las cosas van a terminar arreglándose y que las peleas no pueden durar. El niño concluye que es lo mismo la falta de autoridad que el abuso de la misma.

Todos los niños se guían por límites y reglas. Imponerle estos límites no es quebrantar su libertad, a condición de dejarlo libre para ser creativo al interior de estos límites. No atreverse a decir "no" o "basta" es arriesgarse a que tu hijo intente sobrepasar los límites para que termines imponiéndoselos.

¡Hacerle observaciones desagradables frente a los demás!

La tentación de decir a tu hijo palabras ofensivas frente a otros podría ser fuerte debido a la molestia que produce su enojo. Especialmente cuando el enojo tiene lugar "frente a todo el mundo", se genera un sentimiento de vergüenza en los padres que los lleva a provocar lo mismo en su hijo: "¡Todo el mundo sabrá que eres un tonto, así, continúa!". El niño lo vivirá como una humillación y alterará la confianza que le tiene al adulto.

Culpabilizarlo por su manera de actuar

Recordarle al niño que su comportamiento es indigno y que, en vista de todo lo que haces por él, ese tipo de reacción no debe suceder, manifiesta ciertamente tu propia herida; pero implica también dos posturas que tu hijo puede adoptar:

— El niño puede sentirse avergonzado y malo por infligirte este dolor, lo que altera poco a poco su autoestima.
— El niño puede vivirlo como una injusticia, lo que nos regresa al desacierto anterior sobre las observaciones desagradables.

¡De entrada, ponerle un castigo!

Castigar a tu hijo puede ser una buena lección. Efectivamente, es aconsejable si intentaste aplicar antes los consejos que vienen a continuación. Pero, castigarlo de entrada, es infundirle que la autoridad es y será abusiva de cualquier manera. Más tarde esto crea adolescentes y adultos rebeldes que se enfrentan a toda forma de autoridad, lo que les permite existir y afirmar a su modo, su independencia frente a cualquier forma de poder.

¡Reaccionar también enojándose!

Como quiera que sea, un niño idealiza a sus padres y les atribuye la capacidad de ser ejemplares. Que te enojes también es hacerle sentir que eres incapaz de controlarte tú, el adulto! Comúnmente el niño siente miedo ante el enojo del adulto, y ese miedo es lo que lo hace callarse, no el hecho de que haya entendido las explicaciones que le das. De esto resulta una tendencia a querer imponer, a su vez, las cosas a su modo, y a veces de forma amenazante ante otros niños, especialmente en el patio de recreo. Esa actitud le da la sensación de ser fuerte.

Lo que hay que decir o hacer...

¡Aceptar su enojo!

No hay nada peor que decirle a un hijo enojado: "¡Primero ve a calmarte a tu habitación y luego vienes a hablar conmigo!". Esta es la mejor forma de generar una tensión adicional, de hacer que el niño tenga ganas de quedarse en su habitación el mayor tiempo posible y de no reunirse contigo más tarde. Esa será su forma de "castigarte".

Aceptar su enojo implica estar disponible y proponerle que te explique lo que siente, nombrar su enojo y lo que pudo haberlo causado. ¡Y esta disponibilidad no significa que tengas que estar necesariamente de acuerdo con él! Nada te impide hacerlo reflexionar sobre su comportamiento, ni de darle algunos consejos si él es receptivo.

Poner límites si es necesario.

Una frustración para el niño pequeño va a despertar naturalmente un sentimiento de injusticia y a provocar la aparición del enojo. No todas las exigencias pueden satisfacerse, y la personalidad también se construye sobre la capacidad del niño para aceptar la frustración. Sin embargo, es útil explicar las razones para que esto no se viva como una prohibición abusiva. ¡Poner límites es necesario e incluso imprescindible!

¡Saber hacer críticas sin humillar!

Frente a un niño enojado cuyo comportamiento es inadecuado (por ejemplo, si es agresivo verbal o físicamente), debes hacer recordar los principios de no violencia necesarios para la preservación del propio bienestar dentro de la sociedad.

Es valioso invitar a tu hijo a cuestionarse sin que eso signifique un juicio de valor de su persona. Es muy distinto decir: "Lo que acabo de escuchar no es aceptable", a "¡Es una tontería que reacciones así, eres un bebecito!". Otro ejemplo relacionado con las calificaciones escolares: "¡Los resultados que obtuviste no son lo que yo esperaba!" es una buena forma de decir lo que piensas: "Eres un desastre, podrías haberlo hecho mejor, ¿no?".

Mantener la calma, aunque estés a punto de estallar...

A veces es normal tener ganas de "darle un zape". ¡Obviamente, hacerlo es impensable! Es recomendable expresarle lo que sientes y la contrariedad que te está generando; puedes decir, por ejemplo: "Tu manera de decir las cosas me molesta", "No estoy de acuerdo contigo", "Si continúas comportándote así, voy a tener que ser menos conciliador", "El modo en que se están dando las cosas no me es conveniente", etc. ¡Que eres capaz de expresar tu disgusto te ayudará a mantener la calma!

Estar atento a las señales, incluso a las más débiles.

Existen señales que hablan de un enojo presente, que no necesariamente se manifiesta en explosión. Estate muy atento a las siguientes reacciones:

— La oposición pasiva: "Sí, sí, lo haré" cuando tienes que pedirle algo repetidamente; o bien: "Ah, se me olvidó, tengo un montón de cosas que hacer", o también: "No tuve tiempo, es complicado". Todos estos elementos se clasifican como justificaciones abusivas o una tendencia a evadirse.

— La oposición activa expresada como rechazo equivale a una protesta y hasta rebeldía: "¡No, de ninguna manera!", "¡Siempre es mi culpa, pero ya no más!", etcétera.
— La agresividad verbal inútil o injustificada.
— Finalmente, la agresividad física que da paso a actos violentos contra algo material (un portazo, un puñetazo o una patada), o peor aún, contra una persona (cachetada, patada, jalón de cabellos).

Todas estas señales, de las más débiles a las más fuertes, manifiestan un daño percibido asociado a un sentimiento de injusticia, más un cambio de humor que alivia, pero no resuelve nada. ¡Es importante subrayar que entre más grande sea el daño sentido, más evidente será la respuesta!

Hacerlo reflexionar sobre lo que siente con la ayuda de las "5 P"

A veces sucede que pedirle ayuda a un hijo (sacar la basura, realizar una tarea doméstica) suscita el enojo en él. Si la reacción parece desproporcionada, sirve explorar la dimensión "simbólica" del daño que causa la aparición del sentimiento de injusticia y hacer surgir el enojo.

El protocolo de las "5 P" permite mediante "5 por qué", o 5 preguntas formuladas en modo condicional, lo que hace enojar o contraría a tu hijo. Detrás de un rechazo a ayudar, puede haber un conflicto disimulado que tu hijo quizá no sepa expresar espontáneamente. Por ejemplo:

— ¿Podrías sacar la basura?, el bote está lleno.
— ¡Siempre tengo que hacerlo yo y ahora no puedo!

— ¿Y por qué no puedes hacerlo? (primer por qué)

— ¡Porque tengo cosas... tareas qué hacer!

— ¿Y si no hicieras esas tareas, qué pasaría? (segundo por qué)

— ¡Pues obviamente me sacaría una mala calificación!

— ¿Y qué pasaría si ese fuera el caso? (tercer por qué)

— ¡Me dirías que no sirvo para nada!

— Y a un hijo que no sirve para nada, ¿qué le podría suceder? (cuarto por qué)

— No lo sé... ¿Que no haría nada bueno?

— ¿Y en qué se convertiría alguien que no hace nada bueno? (quinto por qué)

— No sé, le haría caso porque no tendría valor.

— De acuerdo. Entonces, ¿quizá sientas que pedirte sacar la basura es un acto que te devalúa? ¿Es eso?

— Ay, bueno, no sé... pero sí, quizá puede ser.

Es muy sorprendente comprobar que el elemento simbólico al que puede referirnos el protocolo de las "5 P" ¡es, frecuentemente, el núcleo de los sentimientos ocultos debido al dolor que representan! Sentirse devaluado simplemente por sacar la basura implica que el niño de este ejemplo no se siente suficientemente reconocido ni valorizado, y vive cualquier pedido como algo que lo rebaja.

Lo que es importante recordar

El enojo se autoalimenta muy fácilmente en un niño. En efecto, ¡salir del enojo implica obtener reparación del daño sufrido! Si mi hermano me pisa el pie, lo menos que espero es que se disculpe. Si lo hace espontáneamente, yo le responderé "no pasó nada", y queda olvidado. Pero si no lo hace, me dolerá, cojearé, le diré "¡no pones atención, eres un grosero!" y refunfuñaré por mi lado.

Ahora bien, la paradoja del enojo es que para obtener la reparación, ¡hay que pedirla!; pero el enojo nos impide hacerlo. Puede ser tentador decirse a uno mismo: "No, pero yo soy quien sufrió el daño y, además, ¿yo tengo que pedir la reparación? ¡No, son tonterías! Al que me lastimó le toca hacer esta reparación, es lo mínimo". No obstante, ¡la mejor forma de no obtener la reparación es no pidiéndola! Sobre todo cuando el daño es un sentir que el otro ni siquiera imagina por un instante.

Si, además, el niño escucha que le contestan "¡deja de pedir!", "¡entre más reclames, menos se te dará!", "¡si quieres lograr algo en la vida solamente será por ti mismo!", se reforzará su incapacidad para pedir cualquier cosa y, más tarde de adulto, corre el riesgo de no obtener la reparación e instalarse en una vivencia permanente de injusticia y victimización.

Este tipo de experiencia lleva a algunos adultos a desarrollar en su ambiente profesional la creencia de que sus resultados hablan por ellos, y que no sirve de nada decir algo más. O bien, los que sí "agregan algo", o sea quienes saben realizar sus resultados sin fanfarronear, recogen legítimamente los frutos de su trabajo. Los primeros se dicen a sí mismos: "En esta empresa hay que tener 'una bocota' para obtener algo".

Enseñemos a nuestros hijos a pedir la reparación de los daños sufridos, sin caer en el reclamo sistemático o en la reivindicación. Ayudémosles a verbalizar lo que sienten para que se den cuenta también de que su experiencia no es, forzosamente, la realidad, y que el daño sufrido no corresponde necesariamente a la intención inicial. En el caso del enojo, las palabras que le decimos al otro contribuyen a conservar la relación.

¿Mi hijo tiene un temperamento colérico?

☑ Test de 8 preguntas

Consulta las instrucciones en la página 11.

1. Es tarde, debes ponerte a jugar con tu hijo, pero decides pasarlo para el día siguiente:

❏ a. Tu hijo no manifiesta su decepción y se va a su cuarto acusándote de ser malo.

❏ b. Te hace prometerle que mañana seguro jugarán lo que habían planeado.

❏ c. Hace como que no entiende y te arrincona hasta que te cierras.

❏ d. El niño refunfuña y su reacción llega casi a la agresividad.

2. El platillo que comen es delicioso. Al momento de querer servirse más, tu hijo se da cuenta de que ya casi no queda nada:

❏ a. Hace como que no le importa, pero le dice al último que se sirvió que "por lo menos podría pensar en los demás".

❏ b. Empuja su plato diciendo que, de todos modos, la comida no estaba tan buena.

❏ c. Siente que es a él a quien le pasa eso todo el tiempo, como si nadie pensara en él.

❏ d. Se sirve lo poco que queda y dice que le hubiera gustado que hubiera más.

3. Todo el mundo está ocupado y le pides a tu hijo sacar la basura:

❏ a. Él se levanta y cede a tu pedido sin hacer comentarios.

❏ b. Tu hijo se levanta, arrastra los pies protestando y ¡hasta le da una patada al bote de basura para manifestar su desacuerdo!

❏ c. Hace como que no escuchó y te impone que se lo vuelvas a pedir.

❏ d. El niño responde que siempre le toca a él, ¡y que bien podrías pedirle a alguien más que lo haga para variar!

4. Tu hijo te pide su plato favorito para cenar, pero falta un ingrediente indispensable; decides cambiar el menú:

❏ a. Tu hijo no dice nada.

❏ b. Él cree que no tienes ganas de complacerlo y que hubieras podido encontrar otra solución.

❏ c. El niño expresa con fuerza su frustración y te obliga a decirle que se calme de una vez por todas.

❏ d. Se muestra decepcionado y busca contigo otra opción para cenar que también le guste.

5. Tu hijo invita a un amigo a jugar, pero de último momento su mamá llama para avisar que no podrá ir:

❏ a. ¡Tu hijo se encierra en su habitación y dice en voz alta que nunca más invitará a ese amigo!

❏ b. Quiere llamar a la mamá de su amigo para hacerla cambiar de opinión.

❏ c. No puede entender que eso pueda pasar y se queja de la mamá de su amigo.

❏ d. Tu hijo te pregunta si la mamá de su amigo dijo cuándo podría llevarlo de nuevo.

6. Tu hijo recibió un castigo en la escuela y descubres que no te lo dijo:

❏ a. Él le dice que, de todas maneras, el maestro es malo y que no le cae bien.

❏ b. El niño no se siente muy orgulloso y cabizbajo dice que se lo merecía...

❏ c. ¡Tu hijo critica al maestro diciendo que son tonterías y que él no hizo nada!

❏ d. Él no está contento y te explica que no te lo confesó porque no está de acuerdo con este castigo injusto.

7. Van a hacer las compras y pasan frente a una tienda de juguetes. Tu hijo quiere entrar, pero no tienes tiempo de hacerlo:

❏ a. Él te dice que está molesto y te pregunta cuándo pueden volver juntos a la tienda.

❏ b. ¡El niño llora y dice que siempre le haces lo mismo!

❏ c. Tu hijo protesta, te arrastra hasta la tienda hasta que cedas o te enojes.

❏ d. Él se pone a gritar y llorar de coraje frente a todo el mundo.

8. Están de paseo y tu hijo te pide una bebida con insistencia. Le dices que hay que seguir y que luego beberán algo:

❏ a. Se niega a dar un paso más y te ves obligado a jalarlo de la ropa para que camine.

❏ b. ¡Tu hijo te pregunta cuándo podrá beber algo y te explica que realmente tiene mucha sed!

❏ c. ¡No deja de repetir todo el camino que tiene sed, pero diciendo sin parar que le da igual!

❏ d. El niño arrastra los pies y no dice ni una palabra más.

PERFILES

PREGUNTAS	I	II	III	IV
1	b	c	a	d
2	d	a	c	b
3	a	c	b	d
4	d	b	a	c
5	d	b	a	c
6	d	c	b	a
7	a	c	b	d
8	b	c	d	a

Registra en cada columna el total correspondiente a tus respuestas

TOTALES

Los resultados del test

Consulta qué columna tiene más puntos y lee el perfil correspondiente a continuación.

Si tiene igual o casi igual de puntos en distintos perfiles, y si hay puntuación baja en cada uno de los perfiles, significa que tu hijo es capaz de variar de intensidad en sus respuestas sobre la protesta. Esto manifiesta sensibilidad ante la injusticia, pero también una riqueza emocional suficiente en sus respuestas de comportamiento para mantener su equilibrio emocional.

Perfil I:
en apariencia, tu hijo es relajado

Tu hijo se siente a gusto con sus emociones y te hace saber sus frustraciones sin que eso represente una condena para él. No duda en expresarte su desacuerdo y pide explicaciones que le permiten comprender mejor las decisiones que se toman. Si él protesta, sabe comunicar los argumentos que le molestan, y su moderación hace que se le tome en serio y se le escuche. ¡También sabe mostrarse razonable!

Hay en él una forma de tranquilidad que le evita engancharse en discusiones sin fin, y esta madurez lo protege de reproches injustificados. Este niño sabe tanto discutir y oponer argumentos sólidos, como callarse cuando es necesario. A su modo, él es confrontador y puede ponerse a cuestionar a sus allegados, e impartir lecciones bajo pretexto de que entiende bien lo que sucede. Puede inclinarse a madurar muy rápido y medirse con los adultos, con quienes se puede sentir más cercano, en lugar de los niños de su edad. A este respecto, sirve animarlo a no olvidar que es un niño y a mantener su lugar como tal.

Perfil II:
en apariencia, tu hijo está en la lucha de poder

Tu hijo parece no llevarse bien siempre con su enojo: ¡ya sea que se muestre provocador o que haga lo que se le da la gana! Cuando algo lo daña, se lo hace sufrir a sus allegados. Comúnmente está en una especie de oposición o de resistencia, pues es la manera de demostrar que existe. Él minimiza el efecto de los impactos emocionales y desea mostrarse fuerte ante sus seres queridos. De hecho, se inclina a probar que él tiene la razón y se obstina aun a riesgo de hundirse en el error. De esta manera muestra sus ganas de lograr lo que quiere y de imponerse, y no se deja desanimar por los obstáculos. Pero, de golpe, puede no medir a lo que se expone e irritar a sus allegados, que pueden querer que se las arregle por sí solo para que aprenda la lección de su propio orgullo. El cuestionamiento no es su fuerte. Efectivamente, generalmente está convencido de ser quien tiene la razón y, como niño, ha experimentado pronto que quien se impone es percibido como quien sabe y no se equivoca.

Perfil III:
en apariencia, tu hijo se hace la víctima

¡Tu hijo tiene la tendencia a volver en su contra la agresividad que podría sentir con respecto a los demás! De hecho, él adopta la postura de víctima y se lamenta fácilmente del destino que le ha tocado. Indudablemente, el niño sufre una falta de confianza en sus propias capacidades para convertir las situaciones desfavorables en condiciones oportunas; y por otro lado, no sabe solicitar adecuadamente el apoyo de sus allegados. Puede tener la tendencia a creer que el otro o quienes lo rodean no son cordiales y, por lo tanto, se muestra poco amable espontáneamente. Sin embargo, este niño esconde un gran corazón que puede tener arrebatos de bondad muy conmovedores, ¡pero no necesariamente adecuados para la situación o el momento! Él necesita ser valorizado, que se le ponga una atención especial para obtener de él una actitud más conciliadora. De este modo puede volverse muy servicial y considerado.

Perfil IV:
en apariencia, tu hijo es rebelde

¡Tu hijo tiene tendencia a enojarse! Las negativas, las frustraciones, los retrasos son razones suficientes para crisparse y manifestar su desaprobación. Su actitud incomoda a los adultos y genera molestia, impaciencia o insatisfacción, susceptibles de provocar que se le aparte, lo que refuerza aún más su postura de oposición. Su comportamiento es tan marcado que ni siquiera logra decir las razones de sus insatisfacciones o descontentos. Esta actitud puede llegar hasta una forma de brusquedad que remite a la violencia que él mismo siente. Es útil y necesario ayudarlo a verbalizar lo que siente, y ser capaz de acoger sus enojos sin castigarlo ni confrontarlo con la culpabilidad potencial. Esto implica proporcionarle un sostén y una disponibilidad verdaderos, de modo que se le permita experimentar que el mundo puede ser bueno e indulgente con él.

Forzosamente, el niño terminará por desear parecerse a las personas ejemplares que lo rodean.

Las claves esenciales

¿Qué padre puede afirmar nunca haber echado leña al fuego del enojo de su hijo, enojándose él mismo? Sin duda es inútil creer que es posible ser completamente justo e imparcial en sus posturas educativas...

El enojo del niño tiene algo de conmovedor, pues manifiesta la ingenuidad de creer que el adulto reparará las cosas y que todo terminará por solucionarse. Pero las experiencias vividas, sufridas o superadas enseñan a nuestros hijos a conformarse con su propia vida, y de ella sacan un modelo de comportamiento que puede convertirse en su manera de vivir: de alegrarse, refunfuñar, luchar sin cesar, dudar de sus propias fuerzas, etc. A continuación te ofrecemos algunos consejos para optimizar una postura parental compasiva.

Saber aceptar el enojo de tu hijo sin considerar que estás siendo débil.

Si tu hijo:

- protesta por no ser tratado como todo el mundo y piensa que no vale lo mismo que sus hermanos, amigos o vecinos, no permitas que este sentimiento crezca en él. Si te sientes responsable de esta situación, háblale de ti, de la dificultad eventual a manifestarle tu amor a partir de tu propia historia. Los padres que nunca escucharon un "te amo" de sus progenitores pueden creer que es insignificante decírselo a sus hijos con el pretexto de que ellos mismos pudieron crecer sin escucharlo.
- expresa su enojo hasta el punto de ser intimidante, recomiéndale reflexionar sobre otro modo de atraer la atención, y explícale que, desde tu punto de vista, hay límites que no hay que sobrepasar para ser respetado y amable en el primer sentido del término.
- critica y se lamenta frecuentemente, hazle ver la imagen que da pretextando que le importa un bledo, cuando lo que desea es justamente ser apreciado como es. Ser apreciado por nuestra sinceridad significa saber usar palabras que pueden ser entendidas, ¡sin renunciar a no decir las cosas si no encontramos esas palabras precisas!

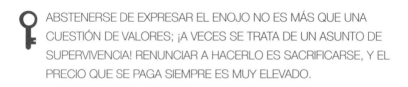

ABSTENERSE DE EXPRESAR EL ENOJO NO ES MÁS QUE UNA CUESTIÓN DE VALORES; ¡A VECES SE TRATA DE UN ASUNTO DE SUPERVIVENCIA! RENUNCIAR A HACERLO ES SACRIFICARSE, Y EL PRECIO QUE SE PAGA SIEMPRE ES MUY ELEVADO.

¡Sentir el enojo no es lo mismo que terminar enojándose!

Si tu hijo:

- dice que algo le parece injusto y que se le prohíbe criticar, le estamos impidiendo formular los sentimientos relacionados, y su enojo puede liberarse mucho más violentamente en un siguiente disgusto.
- se siente decepcionado y se retrae cuando no obtiene lo que desea, es que su enojo no le permite conseguir la reparación necesaria. ¡Él necesita reaprender que una frustración no termina siempre con una desilusión!
- no se atreve a expresar enojo por miedo a causar sufrimiento a sus allegados, debe aprender a no mezclar su sentir con la realidad. ¡Sentir odio hacia sus padres no quiere decir que no los pueda seguir amando! Es necesario que se sienta autorizado a criticarte sin que eso sea condenable o fomentado. Tu hijo tiene derecho a sentir disgusto sin creer que está mal y que podría causarte sufrimiento. De otro modo, se le prohíbe experimentar resentimiento y termina culpabilizándose de su propia ambivalencia hacia aquellos que ama.

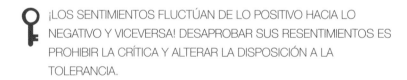 ¡LOS SENTIMIENTOS FLUCTÚAN DE LO POSITIVO HACIA LO NEGATIVO Y VICEVERSA! DESAPROBAR SUS RESENTIMIENTOS ES PROHIBIR LA CRÍTICA Y ALTERAR LA DISPOSICIÓN A LA TOLERANCIA.

El enojo puede convertirse en círculo vicioso y ser avasallador.

Si tu hijo:

- se encierra en su agresividad, recuérdale que tu intención no es contrariarlo, y saber disculparse de su eventual torpeza puede ser particularmente valioso.
- te critica injustamente, cuéntale que también podrías sentirte afectado y que no es lo que deseas.
- se obstina y se niega a complacerte, ¡recuérdale que complacer a los demás es agradable para él mismo!

SER PADRE SIGNIFICA CONFESARLE TUS PROPIAS DEBILIDADES AL NIÑO. ¡DE ESE MODO ACEPTARÁ MUCHO MEJOR LAS SUYAS!

LA TRISTEZA

La palabra "emoción" viene del latín *movere*, que significa literalmente "ponerse en movimiento".

El miedo y el enojo nos ponen en movimiento, mayoritariamente hacia el exterior. El miedo nos incita a enfrentar los peligros o a huir de ellos; y el enojo nos empuja a luchar para superar los obstáculos y/o límites que se nos ponen delante.

La tristeza, tal como se presentó en la tabla de las jerarquías emocionales[4] es producto de un miedo o un enojo no regulado. Esta da lugar, al contrario de las emociones antes citadas, a un movimiento principalmente interior, alimentado por sentimientos poco satisfactorios como la culpabilidad, la vergüenza y la autodevaluación. Una persona triste se ve enfrentada a un evento desencadenante que tiene valor de pérdida, sea real (la desaparición de una persona, de un objeto común), simbólica (de un estatus, un objeto cuyo valor es simbólico), o incluso imaginaria (la renuncia a un proyecto, un ideal inaccesible).

La tristeza nos hace centrarnos en nosotros mismos, escrutarnos interiormente y reflexionar acerca del valor que tenemos ante nosotros mismos y ante los demás. Por lo tanto, una persona triste tiende a depender aún más de la mirada de los demás, y a buscar en el otro una forma de reconocimiento cuyo déficit es eminentemente interior. La tristeza altera la confianza y fragiliza la autoestima. Cuando perdura y se amplifica, la tristeza conduce a un estado depresivo que puede llevar al individuo al peor de los escenarios: el del suicidio; en ese estado, la única certeza es la de no servir para nada.

En el niño, la tristeza constituye, antes que nada, un estado transitorio, producto de una decepción, de una frustración, de un cuestionamiento, de una pérdida, en fin, todo lo que nos envía a

---

4 ZUILI, Robert, *Las claves de nuestras emociones* (*Les clés de nos émotions*, Ediciones Mango, 2014).

una situación en donde hay un deseo que nunca logra concretizarse o se pierde.

Los niños viven plenamente esta emoción, ¡de esto no hay duda alguna! Su tristeza va y viene según la fluctuación de sus deseos y decepciones; también desaparece tan rápido como surgió, ¡como por arte de magia! El niño vive una forma de exaltación emocional que se diluye con la edad, hasta convertirse, en algunos adultos, en una postura de indiferencia; se habla entonces de personas apáticas. El niño nunca es apático; él vive sus emociones plenamente, lo que le da fuerza de recuperarse fácilmente de las emociones negativas y de sentir instantes de gozo, inclusive en situaciones que algunos calificarían como triviales.

Situación 1: La historia de Víctor

Es lunes por la mañana y Víctor está sentado en clase. El día anterior compró una bolsa de canicas fabulosas en un mercadillo atendido por un anciano. Las puso en su mochila para mostrárselas a sus amigos en el recreo. Al pasar entre los pupitres, su maestro choca con su mochila que se abre, dejando ver la bolsa de canicas. Víctor decide meterlas de nuevo en la mochila discretamente; al deslizarse en la silla, ¡varias canicas salen rodando por el suelo!

Las canicas ruedan haciendo mucho ruido, los rebotes resuenan por todo el salón. El maestro vuelve al lugar de Víctor y lo ve de rodillas.

—El maestro: "Señor Víctor, ¿qué hace usted en esa posición?".

—Víctor: "¡Eh..., son mis canicas!".

—El maestro: "Y, entonces, ¿usted cree que esa es una razón para interrumpir mi clase y hacer este escándalo?".

—Víctor: "No, es que se cayeron".

—El maestro: "Recójalas y démelas. Para mañana va a escribir 100 veces: '¡No debo jugar a las canicas en clase para no interrumpir el aprendizaje de mis compañeros!' ¿Le queda claro, Víctor?".

—Víctor: "Sí, señor".

Algunas risas se escuchan en el salón y Víctor, luego de recuperar las canicas fugitivas, deja la bolsa completa sobre el escritorio del maestro.

—El maestro: "¡Niños, basta de risas! Víctor, queda anotado, ¡mañana me trae el escrito de castigo!".

—Víctor: "Sí...".

Al volver de la escuela, Víctor se pone a hacer su tarea y luego a escribir su castigo.

—Víctor: "¿Papá..., sabes? Eh..., en la mañana me pusieron un castigo en la escuela".

—El padre: "¿Ah, sí? ¿Y por qué?".

—Víctor: "¡Fue el maestro, me castigó!".

—El padre: "¿Y tú qué hiciste para que te castigara?".

—Víctor: "Se me cayeron las canicas en la clase".

—El padre: "¿Qué te dio por jugar canicas en clase?".

—Víctor: "Pero, papá... ¡No es mi culpa!".

Escenario negativo   • • • • • • • • • •

—El padre: "¿Cómo es que no es tu culpa?".

—Víctor: "Pues no, se cayeron solas de mi mochila".

—El padre: "¿Te estás burlando de mí? Si no es tu culpa, entonces, ¿de quién es?".

—Víctor: ...

—El padre: "¿Tal vez fue por obra del espíritu santo?".

—Víctor: "Pues no...".

—El padre: "Tienes que respetar las reglas de la escuela. ¡La clase es para aprender!".

—Víctor: "Ya lo sé".

—El padre: "¡Sí, pues no pareciera! Cuando el maestro te devuelva las canicas me las vas a dar, y ya veré cuándo tendrás derecho a recuperarlas".

Víctor está afligido y derrama lágrimas, pero permanece estoico delante de su padre.

—El padre: "¡Solamente tú tienes la culpa, Víctor! ¡Y tampoco es tan grave, solo son canicas!".

—Víctor: "Sí, pero son muy bonitas".

—El padre: "Mira, hay niños que son mucho más desafortunados que tú y por razones reales. ¡Así que deja de lamentarte y contrólate!".

—Víctor: "Voy a terminar mi tarea y mi castigo en mi habitación".

Víctor se levanta, toma sus cosas y con actitud desenfadada se dirige a su habitación.

—El padre: "Víctor, ya sé que estás triste. Pero debes controlarte, ahora ya eres un niño grande".

—Víctor: "Sí".

Víctor pone sus cosas sobre el escritorio, luego se tira sobre su cama; permanece ahí, con la mirada vacía, esperando que el tiempo pase.

¿Por qué este escenario es negativo?
¡Este escenario presenta un final que no es satisfactorio para nadie! Se trata del escenario de pseudorregulación emocional

En la desafortunada conclusión, que corresponde a la pseudorregulación, el intercambio entre Víctor y su padre se convierte en una lección de moral. Víctor se siente juzgado y culpabilizado. Su padre es solidario con el maestro y, a su vez, castiga al niño que se quedará sin canicas también en su casa.

Víctor está triste y termina llorando. Además, sintiéndose regañado por su padre por ser demasiado sensible, experimenta vergüenza y va a refugiarse a su habitación, en donde intentará recuperarse solo de esta adversidad.

Si una situación como esta continuara, Víctor podría terminar sintiéndose inútil y su autoestima se fracturaría. Podría perder confianza en él mismo y no sentirse a la altura de las expectativas de los adultos.

— El padre: "¿Cómo es que no es tu culpa?".

—Víctor: "Pues no, se cayeron solas de mi mochila".

—El padre: "Quieres decir que no lo hiciste adrede, ¿no?".

—Víctor: "Sí".

—El padre: "¿Pero, qué estabas haciendo con tus canicas?".

—Víctor: "Mi mochila se volteó de lado y como vi que las canicas se iban a salir, quise acomodarlas discretamente y ahí fue cuando...".

—El padre: "¿Sí? ¿Fue ahí cuando qué?".

—Víctor: "Fue cuando me deslicé en la silla y algunas canicas salieron rodando por el suelo del salón".

—El padre: "¿Y es ahí cuando el maestro te sorprendió y te castigó?".

—Víctor: "Sí. ¡Me confiscó todas las canicas y me dio un castigo frente a todo el mundo! ¡Algunos se burlaron de mí!".

—El padre: ¡Entiendo que te sientas decepcionado e incluso triste!".

—Víctor: ...

—El padre: "Pero también hay que entender a tu maestro. Interrumpiste toda la clase por unas canicas, lo que en apariencia no es tan serio. ¿Lo entiendes?".

—Víctor: "Sí, sí...".

—El padre: "¿Fuiste a ver al maestro después de la clase para explicarle lo que sucedió?".

—Víctor: "Pues no, más bien me escondí, si entiendes lo que te quiero decir".

—El padre: "Termina tu castigo y mañana irás a explicarle cuál era tu intención antes de que las canicas rodaran, y verás si él escucha tu explicación y tus disculpas. ¿De acuerdo?".

—Víctor: "Eh, ¿lo crees en serio?".

—El padre: "No me mires con esa cara, parece que te hablo en chino... ¿Quieres recuperar tus canicas? ¡Entonces inténtalo!".

—Víctor: "Pero, papá... De acuerdo, lo voy a intentar".

Al día siguiente en la mañana, Víctor está decidido a recuperar su bolsa de canicas y ensayó la víspera lo que le diría al maestro...

—Víctor: "Eh, buenos días, señor, me hubiera gustado decirle ayer...".

—El maestro: "Buenos días, Víctor, sí, te escucho, ¿qué sucede?".

—Víctor: "Quería ofrecerle disculpas por la interrupción en la clase y explicarle lo que pasó. De hecho, yo no quería jugar, mis canicas se estaban saliendo de la mochila y me dio miedo perderlas, entonces quise acomodarlas y fue ahí que me deslicé en la silla y, de golpe, las canicas salieron rodando. Eso fue, señor".

—El maestro: "Déjame ver, Víctor. Creo que eres muy valiente al venir a explicar lo que sucedió y ofrecer disculpas. Eso es mucho mejor que hacer como que no pasó nada. Te mereces que yo sea más indulgente contigo. Voy a devolverte las canicas, pero tú debes buscar una solución para que ya no se caigan en la clase".

—Víctor: "Sí, sí, tengo una bolsa con cierre en mi mochila. Las voy a meter ahí".

—El maestro: "Muy bien, te las devuelvo al final del día. ¿De acuerdo?".

Escenario positivo

—Víctor: "Sí, gracias, señor. Mi papá es el que va a estar contento".

—El maestro: "¿Por qué? ¿Tu papá juega a las canicas?".

—Víctor: "No, no. Va a estar contento por mí".

—El maestro: "Ah, qué bien. Y con respecto a tu castigo, ¡espero que hayas pensado bien, si no, nuestro acuerdo no funcionará!".

—Víctor: "Sí, sí, ¡lo hice!".

—El maestro: "Muy bien. Vamos, entra a clase, es hora, Víctor".

¿Por qué este escenario es positivo?
Se trata del escenario de regulación emocional: ¡presenta un final agradable para todos!

En la conclusión feliz, el padre presta atención a las palabras que usa su hijo. Siente que se culpabiliza de lo que hizo a pesar de que el niño le dice que "no es su culpa", y le propone razonar en términos de responsabilidad y no de culpa, respondiéndole: "Quieres decir que no lo hiciste adrede". A partir de ahí, Víctor se siente escuchado y no juzgado, y logra decir lo que pasó simplemente enunciando los hechos.

Su padre le aconseja hablar con el maestro para ofrecerle disculpas por haber perturbado la clase y precisarle los hechos. Aunque Víctor tiene miedo de hablar con su maestro, se da cuenta de que, sin duda, es la mejor solución y, para sentirse seguro de sí mismo, una noche antes ensaya en su habitación lo que va a decirle.

El maestro, agradablemente sorprendido por la actitud del chico, se muestra menos severo, ¡lo que le permite comprobar a Víctor que ser responsable de sus actos es provechoso!

Situación 2: La historia de Lou

Lou juega con su gato, *Mistigris*. Hoy, el animal parece no estar de buen humor y se niega a jugar como suele hacerlo.

Lou llama a su mamá.

—Lou: "¡¡¡Mamá, *Mistigris* no quiere jugar conmigo!!!".

—La madre: "Mira, el gato está viejo, quizá tiene ganas de estar tranquilo, es todo".

Lou insiste y estimula a *Mistigris* para que juegue. Ella le lanza el juguete, pero *Mistigris* no mueve ni un pelo".

—Lou: "¡Malvado! ¡¡¡Realmente te has convertido en un flojonazo!!!".

Lou decide regresar a su habitación. Ahí ella tiene una colección de gatos de peluche y elige el que se parece más a *Mistigris*.

—Lou: "Ven, mi querido *Mistigrou*. ¡Tú no eres como ese gordinflón de *Mistigris* que ya se fue a esconder!".

Esa misma noche, la madre de Lou descubre a *Mistigris* en su cesta, pero cuando lo llama para darle de cenar, *Mistigris* permanece inmóvil. Inquieta, la madre se acerca y comprueba que *Mistigris* ya no respira. Ella piensa que es preferible que Lou esté dormida ya y que le anunciará la mala noticia al día siguiente.

La mañana siguiente, en el desayuno, Lou le pregunta a su madre:

—Lou: "Mamá, ¿dónde está *Mistigris*? ¡Desde ayer no lo vi más!".

—La madre: "Eh, no lo sé... Dime, de hecho, ¿ya le diste de comer a tus peces rojos?".

—Lou: "¡No me importan los peces rojos! ¡¡¡Quiero ver a *Mistigris*!!!".

—La madre: "*Mistigris* se fue...".

—Lou: "Va a regresar, ¿verdad, mamá?".

—La madre: "Bueno, mira, a veces los gatos... se van...".

Escenario negativo ● ● ● ● ● ● ● ● ● ●

—Lou: "¡Hay que buscarlo si está perdido!".

—La madre: "Bueno, ven aquí, es necesario que yo te explique algo".

—Lou: "¿Qué, qué sucede?".

—La madre: "Un día, los animales tienen que partir para siempre. Y ahora creo que fue el turno de *Mistigris*".

—Lou: "Quieres decir que él...".

—La madre: "... Sí...".

—Lou: "¡Pero, yo no quería que eso pasara!".

—La madre: "Mi amor, es así, no podemos hacer nada al respecto".

—Lou: "¡No me importa!".

—La madre: "Donde está, seguro está feliz".

El padre se une a la discusión.

—El padre: "¿Sabes, Lou?, *Mistigris* se había hecho muy viejo y es normal. Además, partió sin sufrir".

—Lou: "Sí, pero... ¡no es justo! Además, ayer yo pensé que era malo y no fui amable con él".

—El padre: "No pasa nada".

—La madre: "*Mistigris* se fue tranquilamente, está bien así".

—Lou: "¡Pobre! Eso quiere decir que no lo veré nunca más...".

—La madre: "Tuvo una linda vida y la oportunidad de tenerte a ti, ¿sabes?...".

—Lou: "¿Pero por qué ahora? ¡Pudo haberse hecho más viejo todavía!".

—La madre: "Bueno, Lou, te hemos explicado las cosas, tienes que resignarte".

—El padre: "Y luego, si quieres, podemos adoptar otro gato".

—Lou: "¡Yo no quiero otro gato! ¡Quiero a *Mistigris*!".

—El padre: "Bueno, veremos luego".

—La madre: "Por lo pronto, haremos lo de siempre y todo volverá a lo normal. ¡No estés triste, Lou! Era solo un gato, no exageres".

En esta conclusión desafortunada, los padres no se atreven a verbalizar la palabra fatídica: muerte. Le explican a Lou lo que quiere decir partir y ella lo entiende, sin nombrar la muerte ella tampoco. Los argumentos proporcionados por los padres hacen abstracción de la dimensión afectiva. Seguramente ellos creen que al no nombrar las cosas, le están ahorrando a su hija un sufrimiento adicional inútil. ¡Pero se equivocan! Puesto que Lou, de hecho, no puede elaborar sus sentimientos y frente a los argumentos racionales que escucha "así es, no podemos hacer nada al respecto"; "partió sin sufrir"; "se fue tranquilamente"; "te hemos explicado las cosas, tienes que resignarte", ella termina por sentir enojo: "¡No me importa!", "Sí, pero no es justo". En definitiva, al no poder elaborar su tristeza, Lou termina sintiéndose culpable: "No fui amable con él...", "¡No quiero otro gato!".

Al negar el valor de esta pérdida para Lou ("*Mistigris* se había hecho muy viejo y es normal"; "¡No estés triste, Lou!" "Era solo un gato, no exageres"), los padres, aunque bien intencionados, le envían a su hija el mensaje de que no es tan grave, mientras que ella, al contrario, necesita que reconozcan su pena para más tarde poder superarla. No permitir este tránsito, es dejar a tu hijo que se las arregle solo en la gestión de su tristeza, a riesgo de dejarlo interpretar que, en el fondo, estar triste es ser débil.

—Lou: "¡Hay que buscarlo si está perdido!".

—La madre: "Querrás decir ahí donde está ahora".

—Lou: "Mamá, ¡hay que encontrarlo, no es posible!".

—La madre: "Bueno, Lou, tengo que decirte algo difícil".

—Lou: "¿Está enfermo, se perdió?".

—La madre: "No, *Mistigris* murió, lo siento mucho, Lou...".

Hecha un mar de lágrimas, Lou se refugia en los brazos de su madre que la consuela. El padre de Lou se une a ellas.

Lou: "Mamá, pero no es verdad... ¡*Mistigris* no puede morirse! ¡Él nos quiere mucho! ¿Eh, mamá?".

—La madre: "Mira, era un gato muy viejo".

—Lou: "¡No es justo! Es el mejor gato del mundo".

—...

Lou: "Y además ayer me enojé con él. No debí haberlo hecho".

—La madre: "Sabes que *Mistigris* te quería mucho. ¡Tú eras la única con quien jugaba tanto!".

—Lou: "¡Bromeábamos mucho! De verdad no es justo, mamá".

—La madre: "Yo sé, es difícil ver morir a tu gato, pero cuando él es ya muy viejo es un poco menos injusto".

—Lou: "Pero, entonces, ¿eso quiere decir que mis abuelitos también van a morir? ¡Ellos son viejos!".

—El padre: "Todo mundo muere un día. Pero tus abuelitos no van a morir pronto, ¡créeme!".

—Lou: "Y ustedes también un día...".

—El padre: "¡Ay, bueno! ¡Todavía falta mucho tiempo para eso!".

—Lou: "Pobre *Mistigris*, lo voy a extrañar tanto... Papá, mamá, ¿podemos enterrar a *Mistigris* al fondo del jardín, por favor?".

—El padre: "Está bien. Ven, vamos a ocuparnos de ello".

Lou y su padre terminaron de cavar un pequeño hoyo y han depositado al gato, habiéndolo puesto primero en una caja de zapatos. Acaban de terminar de tapar el hoyo y miran, tomándose de la mano, el pequeño montículo de tierra que es testigo de la presencia de la sepultura.

—Lou: "Estoy muy triste, papá. Adiós, *Mistigris*, te queremos muchísimo, lo sabes".

—El padre: "Lou, si quieres, en un tiempo, quizá podemos adoptar un gatito. ¡Piénsalo!".

—Lou: "Yo no olvidaré nunca a *Mistigris*.".

—El padre: "Tienes razón, no se trata de olvidar a *Mistigris*".

—Lou: " ¿Un gatito? ¡Pero entonces que no sea todo gris como *Mistigris*! ¿Hay de otros colores?".

—El padre: "El fin de semana que entra podemos ir a un lugar de adopción de gatos. Si quieres, podemos investigar antes en Internet todas las razas de gatos que existen, ¿quieres?".

—Lou: "Sí, de acuerdo, papá, lo investigaremos. Gracias".

¿Por qué este escenario es positivo?
Se trata del escenario de regulación emocional: ¡presenta un final agradable para todos!

Aquí, Lou logra expresar su pena y sus padres saben acoger su tristeza, sin minimizarla ni caer en la fatalidad. Ellos la ayudan a manifestar lo que siente, lo que incluso le permite verbalizar su miedo a ver morir a las personas que ama: tanto a sus abuelos, como a sus propios padres... ¡El tema de la muerte se vuelve mucho menos aterrador porque ha dejado de ser tabú!

Por otro lado, un acto simbólico (enterrar al gato en el jardín) le permite decirle adiós a su gato y facilitar la etapa del duelo. Gracias a esto, le es posible considerar tener otro gato algún día, sin que ello produzca un conflicto de lealtad con respecto a *Mistigris*. Esa perspectiva de adopción de un gatito constituye un buen medio para proyectarse en un futuro agradable.

¿Cómo ayudar a tu hijo a superar sus momentos de tristeza lo mejor posible?

Lo que no hay que decir o hacer...

Minimizar el impacto afectivo de la tristeza

La tristeza es la emoción que nos confronta con los sentimientos más dolorosos y no es fácil aceptarlos. De todos modos, creer que es preferible no abordar este sentir para proteger a tu hijo puede ser una mala idea y perjudicar la capacidad del niño para elaborar sus propios sentimientos, lo cual es indispensable para lograr superar la tristeza.

Intentar consolar a tu hijo únicamente con argumentos racionales

Dar un argumento basado en la razón puede parecer necesario para ayudar a tu hijo a que entienda mejor la situación. Pero, con frecuencia, la razón opuesta a los sentimientos hace que la evidencia parezca insoportable y que, por lo tanto, genere enojo.

Ser positivo como filosofía de vida

Es sin duda la mejor manera de hacer que tu hijo se sienta culpable, ¡que se sienta incapaz de transformar él solo su tristeza en una emoción positiva! También es un modo de imponer la creencia de que su sentir no tiene mucho valor.

Dramatizar

Dar pie a que la efusión emocional continúe puede tener un matiz sospechoso y hacer poco creíble la reacción. Además, puede ser interpretado como una provocación, una burla, o bien, dejar al niño sin entender.

Lo que hay que decir o hacer...

¡Acoger su tristeza de manera simple!

No hay nada peor que decirle a tu hijo que te expresa su tristeza: "¡no pasa nada!", "así es la vida", "no podemos hacer nada al respecto". Debes aprender a escuchar a tu hijo, dejarlo que se desahogue, demostrarle que estás presente, que lo apoyas; preguntarle si sabe cómo podrías ayudarlo. Y luego, solamente podrás reconfortarlo con argumentos que se habrán hecho "comprensibles" y racionales.

Si su tristeza está relacionada con un pérdida, un duelo

Evita hacer todo lo que se explicó anteriormente en los contraejemplos, y deja que el tiempo cure la herida.

Si su tristeza es producto de un miedo no regulado

Es necesario tranquilizarlo, ayudándolo a verbalizar su miedo: ser castigado, quedarse solo, ser rechazado. El niño está entristecido porque no ha logrado regular su miedo (ver el capítulo sobre el miedo, página 39).

Si su tristeza es producto de un enojo no regulado

Es necesario intentar si es posible reparar el daño que el niño ha sufrido, siendo injustamente reprendido, sancionado, separado, o algo más (ver el capítulo sobre el enojo, página 69).

¡No interpretar su sentir!

Si tu hijo no logra expresar lo que siente y decir con qué está relacionada su tristeza, ayúdalo a formular y ser parte de varias hipótesis, recordando hacerlo en el modo condicional, ¡y de formular por lo menos tres! La razón para ello es simple: la primera hipótesis será la que a ti te parezca la más evidente; la segunda, le exigirá más esfuerzo; y la tercera, lo obligará a distanciarse de sí mismo y a considerar las cosas desde un punto de vista externo a ti.

Ejemplo:

Hipótesis 1: "¿Si estás triste es que a lo mejor te enojaste con un compañero de la escuela?".

Hipótesis 2: "¿O quizá sientas que hiciste una tontería?".

Hipótesis 3: "¿O bien, puede ser que hayas sentido algo desagradable?".

¡No culpabilizarlo, sino responsabilizarlo!

Hay padres que les reprochan a sus hijos que no tengan éxito en algo, mientras que hacen todo por ellos para que puedan triunfar. Un niño enfrentado a una dificultad que lo entristece necesita lo contrario: que lo animen y lo apoyen. Es conveniente recordarle que estás ahí para ayudarlo, no para reemplazarlo, sino para hacerlo reflexionar en lo que él hubiera podido hacer de otra manera.

Reconocer la tristeza es ofrecer alivio

Pensar que es mejor evitar hablar de las cosas duras de la vida con el objetivo de proteger al otro es una creencia muy extendida. Sin embargo, aunque sea cierto en el corto plazo, es mejor permitirle al niño verbalizar la tristeza para desmitificar el sufrimiento y hacerlo aceptable, accesible y, por lo tanto, lograr que un día desaparezca.

Lo que es importante recordar

La tristeza invita a replegarse sobre uno mismo, a tomar distancia con respecto de los demás. Es importante entender que un niño triste tiene la tendencia natural a autodevaluarse y a considerar que no merece ser ayudado. Él toma distancia con respecto de sus allegados y, aunque es en estos momentos cuando tendría más necesidad de otras personas, se dice a sí mismo: "Hablaré de eso cuando me sienta mejor".

Es importante estar atento a las señales débiles que pueden alertarnos y ser un llamado de ayuda, especialmente cuando el niño:

— Parece perdido y no sabe decir lo que siente.
— Se autodevalúa en los comentarios que hace sobre algo que le concierne (*no sirvo para nada, nunca entiendo nada, eso no sirve para nada, no lograré hacer eso, no lo merezco*, etc.).
— Se une a causas extremas que le dan súbitamente la sensación de existir, de tener valor (ser violento y, de más grande, adherirse a causas extremistas, por ejemplo).
— Parece no tener gusto por nada.
— Se abandona y descuida su apariencia e imagen.
— No se atreve nunca a decir "no" y se sacrifica por los demás.
— Rechaza el diálogo sin poder dar ni una sola explicación.
— Tiene una mirada huidiza.
— Olvida y pide muchas veces las mismas cosas.
— ...

Evidentemente, si se toma cada uno de estos puntos aisladamente y el niño se expresa de manera puntual, no estamos frente a una señal de alerta. Por el contrario, cuando varias de estas señales conviven, se instalan prolongadamente e invaden lo cotidiano, se vuelve necesario hablar de ellas con un profesional de la salud.

▶ ▶ ▶ ▶ ▶ ▶ ▶ ▶

¿Mi hijo permite que la tristeza lo invada?

Test de 8 preguntas

Consulta las instrucciones en la página 11.

1. Tu hijo se entera de que el viaje de tres días, "Naturaleza", organizado por la escuela, fue cancelado debido al mal clima:

❑ a. Él verifica en Internet que el pronóstico del clima no esté equivocado, esperando que se pueda reconsiderar la decisión.

❑ b. Te hace saber su decepción, esperando que el viaje pueda reprogramarse próximamente.

❑ c. No entiende esta decisión y piensa que las medidas de precaución son excesivas.

❑ d. ¡Está desilusionado y se dice que una ocasión como esa no se dará de nuevo! Qué lástima...

2. El niño no encuentra su peluche favorito, ¡el que tiene desde que era bebé!:

❑ a. Va a terminar encontrándolo, ¡no puede haber desaparecido así nomás!

❑ b. Se siente inútil por no haber organizado sus cosas adecuadamente.

❑ c. ¡Se reprocha haberlo perdido y se pone a buscarlo tenazmente!

❑ d. Está triste y piensa en qué lugar lo pudo haber guardado.

3. Se acaba de pelear con su mejor amigo:

❑ a. Tu hijo le dice al amigo que es una pena que hayan llegado a eso, ¡y que seguramente hay otro modo de resolverlo en lugar de enojarse!

❑ b. Se arrepiente de haber sido torpe y reflexiona sobre cómo mejorar las cosas.

❑ c. Se dice a sí mismo que no es grave y que todo volverá pronto a la normalidad.

❑ d. No puede creer que eso haya podido suceder y concluye que ¡no es una amistad que valga la pena!

4. El hámster que le compraron la semana pasada acaba de dar su último suspiro... :

❑ a. El niño intenta comprender qué pudo haber hecho mal para que el hámster terminara así.

❑ b. ¡No es tan grave, solo es un animal!

❑ c. Se da cuenta de que aún no es lo suficientemente cuidadoso para ocuparse de este tipo de animal.

❑ d. Tu hijo está triste, se limpia discretamente una lágrima y le pregunta a sus allegados qué piensan que pudo haber sucedido.

5. Tu hijo lleva horas reclamándote que le dejes ver la televisión y, en el momento de encenderla finalmente, hay un apagón generalizado:

❑ a. Se arrepiente de haberse esperado tanto tiempo y de no haber tenido las agallas de ser más insistente.

❑ b. Se dice a sí mismo que en realidad no es tan importante, ¡y que leer un libro a la luz de las velas puede ser igual de agradable!

❑ c. ¡No lo puede creer y se pregunta cómo le pudo suceder eso! Como si se lo hubieran hecho adrede.

❑ d. Tu hijo refunfuña y se dice que él no tiene suerte; busca otra ocupación esperando a que la luz vuelva.

6. Tu hijo adora los caramelos, pero se entera que, debido a su nuevo aparato dental, ¡no podrá comerlos durante más de un año!:

❑ a. ¡Es una idea verdaderamente insoportable y se dice a sí mismo que por él está bien! No tendría que haber comido tantos caramelos, eso le enseñará.

❑ b. El niño se pregunta si con una mejor higiene dental, habría durado tanto tiempo...

❑ c. No es tan grave, hay cosas más difíciles que soportar.

❑ d. Tu hijo está muy triste e intenta consolarse diciéndose que si no puede comer sus dulces favoritos, se reconfortará con una nueva y hermosa sonrisa.

7. Tu hijo mira un dibujo animado cuya trama es dramática. Te acercas a él y notas que una pequeña lágrima está a punto de salirle del ojo. Le preguntas si está bien...:

❑ a. Él intenta poner buena cara, reconociendo que está conmovido por la historia, ¡y que el final es muy triste!

❑ b. Él te dice que está verdaderamente triste y se arrepiente un poco de mirar este tipo de programa.

❑ c. Tu hijo te dice que no es más que un programa, ¡y que no hay que preocuparse!

❑ d. Él se arrepiente de mirar ese programa que le parece idiota al final, ¡y te dice que no tiene ganas de volver a ver un programa del mismo género!

8. Tu hijo sufre su primera pena de amor e intentas tratar el tema con él:

❑ a. ¡Él se arrepiente de haberse dejado engañar, de haber creído en el amor, y piensa que realmente es muy inocente!

❑ b. Está verdaderamente afectado y se dice que le va a tomar tiempo recuperarse.

❑ c. Es demasiado joven para tomárselo demasiado en serio, y él mismo se dice que un día terminará por encontrar a la persona correcta...

❑ d. Él se dice que seguramente no estuvo a la altura de algo para haber terminado así...

PERFILES

PREGUNTAS	I	II	III	IV
1	b	c	a	d
2	d	a	c	b
3	a	c	b	d
4	d	b	a	c
5	d	b	a	c
6	d	c	b	a
7	a	c	b	d
8	b	c	d	a

Registra en cada columna el total correspondiente a tus respuestas

TOTALES

Los resultados del test

Consulta qué columna tiene más puntos y lee el perfil correspondiente a continuación.

Si tiene igual o casi igual de puntos en distintos perfiles, y si hay puntuación baja en cada uno de los perfiles, significa que tu hijo es capaz de variar de intensidad en sus respuestas sobre la tristeza. Esto manifiesta una sensibilidad importante, incluso cierta fragilidad, pero también habla de que tiene verdaderos recursos emocionales en sus respuestas de comportamiento para mantener su equilibrio emocional.

Perfil I:
en apariencia, tu hijo es sensible pero ya ha madurado

Tu hijo es sensible, escucha sus emociones y es suficientemente estable para dejarse afectar por las situaciones o las personas. Es capaz de conmoverse temporalmente y de recuperarse de ese sentimiento. En tu hijo existe una fuerza que le permite comprender con serenidad las tensiones y las complicaciones, pero sin minimizar las dificultades. Tiene la capacidad de recuperarse de las situaciones que le afectan sin precipitación ni tendencia a lamentarse. Su forma de reaccionar es equilibrada y tiene una sensibilidad que le permite medir con agudeza el impacto de las tensiones en su entorno.

En las relaciones con los demás, tu hijo es sensible y, sin ser demasiado reservado ni intrusivo, puede ser capaz de dar un apoyo real. Esta habilidad está reforzada y sostenida por un entorno familiar disponible, favorable a la expresión de los sentimientos.

Perfil II:
en apariencia, tu hijo es fuerte

Tu hijo se preocupa por dar una imagen de fuerza y de seguridad. Siente que mostrándose fuerte logrará quedar bien e impresionar a sus allegados. Tiene la habilidad de mejorar, ser optimista, y de minimizar las dificultades. Es su manera de enfrentar la vida, a riesgo de (en el extremo y con el tiempo) mostrarse insensible y frío frente a las situaciones conmovedoras para los demás.

Este niño racionaliza, pone distancia y encuentra modos de tener certezas que pueden, sin embargo, impactar en su objetividad y reducir su sentido de la realidad. Su necesidad de tener seguridad es tal, que puede costarle trabajo mostrarse falible; este aspecto se agudiza si se desarrolla en un ambiente en el que el error se tolera mal, o en donde las exigencias de logro son grandes y las situaciones de fracaso, mal aceptadas.

Perfil III:
en apariencia, tu hijo no es muy seguro de sí mismo

Con frecuencia, tu hijo siente que es responsable de algo. Siempre se pregunta si lo que hace o va a hacer es adecuado, y busca la aprobación de su entorno antes de aventarse. Sus dudas lo llevan tanto a medir los riesgos, como a mantenerse un tanto apocado en sus relaciones.

En función de su nivel de confianza y de sus logros anteriores, tu hijo es fatalista incluso resignado o prudente, y ante la necesidad frecuente de seguridad, puede ser testarudo y estar deseoso de probar que él puede triunfar. Para tener más seguridad, necesita ser alentado, valorizado y que sea capaz de medir el fruto de sus esfuerzos constantes. También debe aceptar que se le pueda ayudar sin que eso ofenda su sensibilidad o lo incite a pensar que no necesita de nadie.

Perfil IV:
en apariencia, tu hijo a veces es frágil

¡A tu hijo le cuesta trabajo quererse a sí mismo y dar valor a lo que dice o hace! Regularmente se reprocha y puede alternar una fase en la que se retrae y necesita estar solo, casi rechazando el contacto, con otra fase en la que se enoja y puede ser agresivo consigo mismo, devaluándose antes los ojos de los demás. Es probable que lo sufra, pero casi siempre le es difícil manifestárselo a sus seres queridos pues tiene miedo de importunarlos. En ocasiones hay en él un lado salvaje que es necesario poder apaciguar con tan solo estar presente y ser bondadoso con él.

Si tu hijo da la impresión de ser poco entusiasta, de que se aísla mucho, rechaza mezclarse con sus compañeros, y de que regularmente siente vergüenza por cosas que te parecen triviales, o incluso si se encierra en actividades cronófagas (televisión, videojuegos), puede ser útil consultar a un psicólogo infantil que sabrá ayudarlo a abrirse al mundo un poco más, haciéndolo reflexionar sobre sí mismo.

Las claves esenciales

Generalmente, la tristeza de nuestros hijos es difícil de soportar y puede llevar a algunos padres a querer "dar un empujón" a su hijo, creyendo que "una buena patada en el trasero" es una estimulación pertinente. Otros, al contrario, extremadamente respetuosos, guardarán distancia pensando que si el niño siente la necesidad, los llamará y expresará lo que lo entristece. En los dos casos, y más allá de la intención loable de los padres, estas actitudes pueden producir efectos contrarios a los resultados esperados, y reforzar una incomprensión que podría hacerse cada vez más abrumadora.

A continuación te ofrecemos algunos consejos para optimizar una postura parental reconfortante.

¡Saber reconocer la tristeza de nuestro hijo sin ver en esta una "comedia" o una "tragedia" en potencia!

Si tu hijo:

- se mantiene distante y parece huir de su entorno, sobreestimularlo o, por el contrario, dejarlo tranquilo, ¡podría darle la impresión de ser incomprendido y reforzar su sentimiento de no valer mucho! Reconfortar a tu hijo implica repetirle que uno está ahí, que podemos reflexionar juntos para encontrar soluciones, que lo amamos y que estamos listos para ayudarle sin condición ni prejuicios de lo que es o tiene ganas de hacer.
- con mucha frecuencia parece distanciarse de los niños de su edad o de los adultos, vale la pena tomarnos el tiempo de entender lo que él siente sin hacerle sentir que hay un problema; así le ayudaremos a superar una fase que probablemente sea pasajera si las señales son recientes.
- no logra, sino raras veces, apreciar lo que él hace o se autodevalúa muy fácilmente, no sirve de nada decirle que todo está bien; él no lo tomará en serio. Más bien hay que ayudarlo a formular sus dudas y permitirle experimentar situaciones en las que pueda sentir satisfacción, incluso sentimientos de logro, ¡aunque sea partiendo de asuntos menores!

¡LA TRISTEZA ES COMO UNA OLA DE MONOTONÍA QUE INVADE EL ALMA Y DESACTIVA EL DESEO! INVOCAR RECUERDOS Y EXPERIENCIAS POSITIVAS ES COMO TRAER CHISPAS QUE AVIVAN LA LLAMA.

¡Nunca burlarse de la vergüenza que siente tu hijo, pues lo terminarás de humillar!

Si tu hijo:

- pide e implora: "Deja de hacer eso, ¿qué van a pensar si no?", mientras haces "el payaso" frente a desconocidos y cercanos; ¡considera su ruego como un homenaje y no como una crítica! Habla con él después del incidente, con indulgencia, para ayudarlo a ver que lo que haces o dices no tiene tanta importancia o gravedad a los ojos de los demás.
- se priva de hacer algo que le gusta por miedo a hacer el ridículo, ¡no fuerces su carácter para hacerlo ver interesante! Ayúdalo a medir el riesgo de atreverse o no a hacer lo que desea. ¡Quizá de ese modo le encuentre sentido a la situación!

RIDICULIZAR A UN NIÑO IMPLICA CORRER EL RIESGO DE FISURAR SU AUTOESTIMA... LA VERGÜENZA ES UNA FRONTERA SALVADORA QUE LO PROTEGE DEL EXCESO; HAY QUE EVALUAR LAS CONSECUENCIAS.

¡Desactivar la culpa, fuente de dudas y tergiversaciones excesivas!

Si tu hijo:

- se arrepiente de no haber sabido hacer algo y parece afectado de manera exagerada, es necesario hacerlo razonar en términos de utilidad y de responsabilidad, más que de moral y de equivocación.
- tiene miedo de fracasar incluso antes de comenzar, es muy poco probable que la razón y el enfoque racional basten para restaurar la confianza en sí mismo. Hay que ayudarlo a comprender el valor simbólico de lo que el fracaso podría representar para él.

SER PADRE IMPLICA RECONFORTAR A TU HIJO EN SU DESEO DE HACER, DE INTENTAR COSAS AMBICIOSAS; Y TAMBIÉN SABER MANEJAR LA DECEPCIÓN EVENTUAL, QUE ES MEJOR QUE NO EMPRENDER PARA PROTEGERSE DE UNA POSIBLE DECEPCIÓN.

LA ALEGRÍA

La alegría es generadora de momentos de satisfacción, de orgullo, de exaltación, de placer, y tiene tanto más valor y fuerza cuando es producto de grandes esfuerzos, aceptados para lograr un objetivo específico. Esta es, por cierto, la enseñanza que los padres intentan transmitir a sus hijos frecuentemente: comparada con los placeres fáciles, ¿acaso no es más noble la alegría procurada mediante un esfuerzo generoso?

Más allá del esfuerzo, el sufrimiento de un niño que hace deportes, por ejemplo, también es una fuente de sensaciones agradables. ¡Algunos modelos educativos consideran que el sufrimiento es un indicador clave para medir la calidad de los esfuerzos realizados! Y en otros modelos, el hecho de expresar la alegría es contrario a la buena educación y es prueba de un dominio ineficaz de las emociones. La discreción, "la buena educación" y la cortesía se convierten así en las excusas de una inhibición emocional, que finalmente llevan al niño, convertido en adulto, a no saber demostrar sus propios sentimientos. La etapa "más avanzada" es cuando cualquier alegría experimentada se asocia con la vergüenza, ¡e implica la creencia de que es vergonzoso dar rienda suelta a la satisfacción de los propios deseos!

La alegría, cuando se vive regularmente, pautada por una alternancia de pequeñas satisfacciones y de grandes placeres, favorece la permanencia de la felicidad, testimonio de un matrimonio exitoso entre la emoción y la razón. Esta alegría toma, sin embargo, un carácter indecente cuando se anuncia frente al sufrimiento de personas tristes o deprimidas. No hay peor provocación que sonreír y hablar fuerte cuando nos cruzamos con un desconocido, torturado por las desgracias de la vida.

Así y todo, ¡la alegría es bella y natural!; es como una ola tibia y profunda que inunda el alma y el cuerpo de sensaciones bienhechoras. Acoger sus alegrías, disfrutar de los placeres relacionados con ellas, es reforzar la estructura de su edificio interior y hacerla más sólida frente a posibles agresiones futuras del medio ambiente.

¿Mi hijo sabe apreciar los momentos de alegría?

☑ Test de 8 preguntas

Consulta las instrucciones en la página 11.

1. Vuelves del supermercado y sacas de tu bolsa el dulce favorito de tu hijo y se lo ofreces:

❑ a. Él lo mira y se va sin tomarlo.
❑ b. Él lo toma, lo mete en su bolsillo y retoma su actividad.
❑ c. El niño toma el dulce, te da un beso a modo de agradecimiento, y se lo come frente a ti.
❑ d. Él lo toma y te pregunta si tienes más.

2. Hace mal tiempo y le propones a tu hijo ir al cine y ¡que él elija la película que más le llame la atención!:

❑ a. Con entusiasmo corre a la computadora para ver qué películas hay.
❑ b. Te recuerda que la película que quería ver ya no está en cartelera.
❑ c. El niño te responde que mejor deberá aprovechar para avanzar en su tarea.
❑ d. Te pide que si mejor puedes comprar el DVD de la película cuando esté a la venta.

3. Le propones a tu hijo hacer juntos unas galletas para la merienda:

❑ a. Él te pregunta si podrá guardar algunas para su postre de la cena.
❑ b. Tu hijo duda en responder y acepta a fuerza de insistirle.
❑ c. Él responde que es una idea muy padre y que todo el mundo va a disfrutarlas.
❑ d. Te pregunta si no hay algo más qué hacer.

4. Le preguntas a tu hijo si quiere participar ahora en un juego de mesa con toda la familia:

❑ a. Él te responde que eres muy amable al invitarlo, pero que está haciendo otra cosa y debe terminarla.
❑ b. Acepta de buena gana y se alegra de jugar todos juntos.
❑ c. Te responde que sí, pero que sería bueno que él ganara de vez en cuando.
❑ d. Te pregunta si pueden jugar de nuevo el siguiente fin de semana.

5. Anuncian en la televisión una de las películas favoritas de tu hijo y se lo comentas.

❏ a. Te dice que no tiene tiempo para verla, que la verá cuando la pasen de nuevo.

❏ b. Te agradece que le hayas avisado y se instala cómodamente para ver la película hasta el final, con una lata de su bebida favorita en las manos.

❏ c. Se acuerda de la última vez que no pudo ver esa película hasta el final, y te pregunta si en esta ocasión la puede ver completa.

❏ d. Te pregunta si puedes grabarla para que él la vea en otro momento.

6. Tu hijo descubre su regalo de cumpleaños: ¡su primer *smartphone*!:

❏ a. Él sabe que esos teléfonos son frágiles y te pregunta si no tienes una carcasa de protección para ese modelo.

❏ b. Él se pregunta si realmente lo merece, y se considera un tanto joven para tener un *smartphone*.

❏ c. Tu hijo salta de alegría como una cabra y lo enciende inmediatamente.

❏ d. Lo guarda con cuidado y se tomará el tiempo para abrirlo cuando tenga un momento de tranquilidad.

7. Tu hijo llega a la escuela y descubre que no hay clase en su salón y que la maestra no está:

❏ a. Se pregunta si debe entrar o si puede quedarse en otro salón para trabajar aunque sea un poco.

❏ b. Le cuesta trabajo creer que no haya clase y se pregunta por qué no reemplazaron a la maestra.

❏ c. Está muy contento y regresa de la escuela con una gran sonrisa en los labios.

❏ d. Se pregunta, de entrada, si la maestra habrá regresado mañana.

8. ¡Es el primer día de las vacaciones!:

❏ a. Tu hijo se da cuenta de que las vacaciones siempre se van muy rápido.

❏ b. Él imagina un programa que alterne el trabajo y el tiempo libre, pues eso le permitirá sacar provecho de todo.

❏ c. ¡Se regocija de poder hacer las cosas a su ritmo, así que muy bien!

❏ d. No le gustan las vacaciones.

PERFILES

PREGUNTAS	I	II	III	IV
1	b	c	a	d
2	d	a	c	b
3	a	c	b	d
4	d	b	a	c
5	d	b	a	c
6	d	c	b	a
7	a	c	b	d
8	b	c	d	a

Registra en cada columna el total correspondiente a tus respuestas

TOTALES

Los resultados del test

Consulta qué columna tiene más puntos y lee el perfil correspondiente a continuación.

Si tiene igual o casi igual de puntos en distintos perfiles, y si hay puntuación baja en cada uno de los perfiles, significa que tu hijo es capaz de variar de intensidad en sus respuestas sobre la alegría. Esto muestra discreción en su capacidad de vivir plenamente los instantes de alegría; pero también su tendencia a alternar momentos en los que se permite expresar con fuerza sus alegrías, con otros en los que se muestra más reservado, hasta neutro, como para protegerse de posibles decepciones. Hay que lograr poco a poco manejar mejor la excitación o la tensión que generan los momentos de desbordamiento emocional.

Perfil I:
en apariencia, tu hijo es de naturaleza discreta

Tu hijo expresa sus alegrías de manera calmada. Posee cierta discreción que lo lleva a guardar las alegrías para sí mismo, que no manifiesta en el momento. Él las guarda como secreto, creyendo quizá que sería indecoroso compartirlas. De hecho, puede prohibirse aprovechar las situaciones y hacer creer que él no aprecia las cosas o que ya está en la sensatez.

Hay que animarlo a reconocer que compartir sus sentimientos puede ser agradable y a que no busque protegerse de ellos. Corre el riesgo de poner cada vez más distancia a sus emociones y de no saber, ya de adulto, expresar lo que siente, ¡salvo en situaciones extremas!

No se trata de un carácter fijo, en el sentido de que no se nace de este modo; se necesita tiempo para "educar" las propias emociones y darse el derecho de gozar sin que eso dañe nuestras habilidades. Pero, para "creerlo", hay que autorizarse a experimentarlo.

Perfil II:
en apariencia, tu hijo es expansivo

¡Tu hijo es de naturaleza espontánea! Él expresa lo que siente sin inhibiciones y aprovecha los momentos de alegría con una intensidad conforme a la fuerza de su sentir. No hay ni vergüenza ni censura susceptibles de molestarlo en la manifestación de sus sentimientos y sensaciones; ¡también sabe hablar de lo que le gusta y le disgusta! Como está conectado con sus emociones, podría dar la impresión de ser muy sensible o afectuoso, y de no ser suficientemente razonable o sensato, pero es una fuerza que permite la expresión de sus propios sentimientos sin temer la mirada de los demás, sin sentirse obligado de limitar su espontaneidad. Tu hijo es claramente feliz, respira la alegría de vivir, ¡y es una hermosa fuente de satisfacción para el entorno que puede compartir esta emoción con él!

Perfil III:
en apariencia, tu hijo está peleado con sus emociones

¡Tu hijo tiene tendencia a oponer emoción y razón! Se muestra controlado, en dominio de la expresión de sus sentimientos y le da prioridad al "deber" y no al "placer". Es verdad que puede proyectar solidez, seguridad y seriedad, pero también es una forma de imponerse ser responsable, antes incluso de deber ser. En la infancia se tiene el derecho de ser despreocupado, pero tu hijo se aleja de serlo y eso lo puede llevar a tomarse las cosas demasiado en serio y a no dejarse conmover. Esta forma de censura sirve a la necesidad de no dejarse influenciar por sus sentimientos y apegarse a la razón.

Un entorno en el que se promueven fuertes valores de trabajo y exigencia frecuentemente sirve de modelo. Quizá exista la disposición a atreverse a fantasear para permitirse así más recreaciones, sin que sea dañino ni contrario a los imperativos que dicta la razón; un sensato equilibrio entre la expresión emocional y la construcción racional.

Perfil IV:
en apariencia, tu hijo está descontento

Comúnmente tu hijo está dividido entre el placer de aprovechar el instante presente y la anticipación del futuro que no llega. De golpe, le cuesta trabajo vivir el momento presente con toda su potencial generosidad, y puede verse inclinado a buscar (y encontrar) en el presente defectos eventuales. Esto sucede con frecuencia en los niños que han sido marcados por la ausencia o la privación en un momento anterior, o así han vivido una etapa de su vida pasada. Este recuerdo o esta experiencia implican una vigilancia permanente en el niño, una atención y una agudeza importantes que condicionan a una relación muy ambivalente con los placeres. Es como si aprovechar el momento tuviera un costo, y como si sirviera no arriesgarse a apreciar las cosas plenamente; quizá podríamos arrepentirnos de ello. Esto desarrolla comportamientos impregnados de creencias y supersticiones.

Es importante hacerle ver a tu hijo que el placer no tiene una contrapartida, ¡y permitirle experimentar satisfacciones sin temer potenciales represalias inherentes!

Lo que es importante recordar

La alegría es el combustible de la felicidad y el suavizante de la relación con los demás. Esta emoción positiva es la única capaz de dar a la vida cotidiana el reflejo de felicidad que nos es preciado.

Las alegrías son las consecuencias de actos constructivos o de palabras bienhechoras, ¡y se nutren de situaciones un tanto más triviales que serias! Cada padre tiene la responsabilidad de contribuir al bienestar de su hijo, y esta búsqueda es mucho más accesible si los padres cuentan con la habilidad de sentir y dejar lugar a las alegrías cotidianas.

A los niños se les expone a la habilidad emocional de sus padres, y ajustan sus propias respuestas emocionales para poder encontrar el equilibrio más justo posible entre límite y placer. Para liberar a la alegría del dominio de la razón, es primordial permitirse sentirla y reconocerla.

Por lo tanto es importante:

— Decir cuando uno está contento.
— No esconderse forzosamente si estamos agradablemente conmovidos.
— Hacer entender que sentirse conmovido, cuando se puede, es una verdadera fuerza y no una debilidad.
— Mostrar que, incluso como padre, hay situaciones o sucesos que pueden ser vividos de manera exultante.
— Reconocer que la alegría es mucho más intensa cuando nuestros esfuerzos son el fruto de una voluntad plena.

— Respetar la discreción en tu hijo, ayudándolo al mismo tiempo a reconocer qué lo conmueve.

— No olvidar que una de las alegrías más profundas es transmitida por el amor y su cortejo de sentimientos: satisfacción, orgullo, plenitud, etcétera.

EMOCIONES Y LAZOS AFECTIVOS

LO PERTINENTE DE TOMAR EN CUENTA EL ROL DE LAS EMOCIONES

Cada uno de nosotros siente a diario los efectos de las emociones que vivimos como padres:

El miedo:

• La inquietud por un retraso inexplicado.
• La ansiedad si hay señales que nos alertan: una fiebre, un ganglio inflamado inopinadamente, una preocupación escolar.
• La angustia que sentimos cuando algo le sucede a nuestros hijos, incluso si, *a priori*, todo está bien.

El enojo:

• ¡De tener que repetir mil veces las cosas para que nuestros hijos las entiendan! Esto es completamente irritante.
• De hacer las tareas con nuestro hijo y tener resultados decepcionantes. ¡Esto es muy frustrante!
• De haber dado confianza y haber sido traicionado con una mentira. ¡Esto es muy injusto!

La tristeza:

• Y la pena de ver también a nuestro hijo entristecido por una mala noticia.
• Y la culpabilidad de no haber pensado en la merienda de nuestro hijo.
• De no sentirse a la altura como padre.

La alegría:

- De pasar un buen momento de complicidad con nuestro hijo.
- De ver con satisfacción que nuestro hijo logra hacer una tarea difícil.
- La huella del orgullo por un buen año escolar, validado por las felicitaciones del maestro.

> Y pues sí, la emoción forma parte de nuestra vida cotidiana plenamente, y olvidarla es arriesgarse a no ser consciente de su impacto en nosotros mismos y en nuestras relaciones afectivas.

¡Nuestros hijos son los seres más cercanos a nosotros y por quienes tenemos los sentimientos más exacerbados, más violentos, más fuertes, así como los más tiernos y más agradables! El lazo afectivo multiplica la dimensión emocional de la relación, y nuestros hijos saben mejor que nadie sacarnos de nuestras casillas. Únicamente la indiferencia nos haría aptos a cierta forma de objetividad. Pero aún cuando los padres reivindiquen la indiferencia en relación con sus hijos, se trata, "tontamente", más de una tentativa generalmente vana de protegerse de un lazo alterado y portador de sufrimiento, que de una indiferencia real.

EL IMPACTO DE LAS EMOCIONES DE LOS PADRES EN SUS HIJOS

Más que cualquier otro, el lazo entre padres e hijos está sujeto a la interacción de las emociones de cada uno. Ningún padre puede permanecer insensible ante lo que siente su hijo, y cada niño ha sido consciente alguna vez de tener que ajustar su comportamiento en función del humor del día de su padre o madre, con llamados de atención del tipo: "¡Déjalo ir y ni digas nada, no es el momento!".

¿Cuál puede ser el impacto de tu propio estado emocional en tu hijo? Aquí te ofrecemos algunos posibles ejemplos.

Enojo: si me exaspero fácilmente

1.ª etapa: "Todo está bien".

Mi hijo se queja y expresa fácilmente que está asombrado de mi irritación. Se atreve a enfrentarme con más o menos destreza, pero su espontaneidad lo hace temer las posibles consecuencias de su reacción. Mientras que no sea irrespetuoso y que no se trate de una provocación, su forma de actuar es una buena señal.

2.ª etapa: "Se rebela".

Mi hijo se parece a mí y se enfurece de vez en cuando. Es su manera de minar el terreno. Y como sí le funciona, él adopta este comportamiento más sistemáticamente. En casos así, se dice comúnmente que: "¡El hijo de la gata, ratones mata!". ¡Cuidado con las chispas que encienden la mecha!

3.ª etapa: "Me teme y deja de ser espontáneo".

A veces mi hijo me teme y se siente obligado a ser prudente con su reacción. Él anticipa un enojo exacerbado e intenta, con alusiones y comentarios posteriores, exponer lo que le parece un tanto molesto. El niño piensa que me protege siendo comprensivo, pero corre el riesgo de olvidarse de sus necesidades.

4.ª etapa: "Se somete".

Mi hijo no dice nada y deja pasar la tormenta. Ha aprendido incluso a detectar las señales que anuncian el enojo e intenta reducir la fuerza de la explosión. Se trata del "niño del clima", que adapta su propia postura para atemperar la reacción del adulto. Entre más enojado esté yo, más compensa él mostrándose tranquilo y dócil. Corre el riesgo de perder un poco de su personalidad.

5.ª etapa: "Se protege aislándose".

Mi hijo se toma su tiempo para reaparecer luego de un altercado y, sin decir nada, hace sentir que no está de acuerdo. Él me evita y solo inicia temas de conversación completamente triviales. Usa una serie de estrategias para evitar enfrentarse de nuevo a los cambios de humor que él vive como una violencia cada vez más insoportable. El niño renuncia y busca huir a su manera.

Miedo: si por temor a hacerlo mal, no hago nada

1.ª etapa: "Nada que señalar".

Quizá mi hijo captó que el miedo es uno de mis defectos y lo considera una oportunidad: la de desarrollar su autonomía. Saca provecho de ello y todo el mundo está contento. ¡Afortunadamente, el diálogo sirve como un método de prevención!

2.ª etapa: "Aprovecha la situación".

Mi hijo ha entendido que existe un modo de negociar sin contrapartida. Saca provecho de la situación, pero se mantiene dentro de límites aceptables. Cada vez hace menos esfuerzos y poco a poco va sintiéndose un niño "rey". Le costará un poco de trabajo adaptarse ante las primeras contrariedades que la vida le presente.

3.ª etapa: "La relación de autoridad se invierte".

Mi hijo se comporta como adulto y es él quien pone los límites. Actúa a partir de un instinto de supervivencia sorprendente y me da consejos sensatos. Siento que hay un desajuste, pero la situación se mantiene así. Mi hijo corre el riesgo de darse cuenta un día y decir que no tuvo infancia.

Tristeza: desbordado, me siento inútil, me rindo

1.ª etapa: "Apoyo".

Mi hijo intenta ayudarme a encontrar la solución. Está presente, reflexiona conmigo y busca apoyarme frente a las dificultades. ¡Me sube la moral, intenta motivarme y tiene tantas habilidades más para hacerlo, que me ve reaccionar así muy pocas veces! Él está presente y está realmente convencido de darme su apoyo.

2.ª etapa: "Confrontación".

Mi hijo pierde la paciencia ante mis recaídas en una depre pasajera. A veces tiende a sermonearme y se molesta de verme así; considera que es injusto y quisiera convencerme de que recobre mi estado normal. En ocasiones se culpa y, a cambio, hace observaciones moralizadoras respaldadas con reproches: "¡Tú eres el adulto, esto no puede seguir así!".

3.ª etapa: "Fastidio".

Mi hijo se siente completamente fastidiado y desiste. Para protegerse puede parecer egoísta y desalmado, ¡pero es su manera de mantenerse de pie y seguir adelante! Se va convirtiendo en una persona infeliz y el desarrollo de esa condición puede ser riesgoso. Es necesario buscar ayuda de un profesional de la salud para que lo oriente eficazmente y pueda recuperar la sonrisa.

Alegría: optimista, le doy confianza

Una sola etapa: "Se llena de alegría".

Mi hijo evoluciona en un clima de serenidad. Las cosas parecen fáciles y los obstáculos se superan rápidamente gracias a la ayuda de soluciones compartidas. El niño no se siente juzgado ni desamparado, y sabe que puede contar con mi ayuda si la necesita. Cada vez es más seguro y se da cuenta de que sus reacciones mesuradas refuerzan la confianza que se le da. El mundo parece estar lleno de oportunidades, y las situaciones en las que está en juego algo importante son una fuente de motivación adicional. ¡El diálogo es permanente y los desacuerdos específicos alimentan el intercambio!

¿Qué tipo de padre soy?

☑ Test de 8 preguntas

En cada pregunta del siguiente test, encierra en un círculo **dos respuestas**, poniendo atención en **distinguir tu primera elección de la segunda** (usa dos colores diferentes, por ejemplo):

- La primera elección corresponde a lo que harías espontáneamente.
- La segunda elección corresponde a tu respuesta preferida, o la que consideres menos alejada de lo que harías.

Una vez que hayas terminado el test (recuerda, dos respuestas por pregunta), registra tus respuestas en la tabla "PERFILES" (página 157), y súmalas por columna, luego consulta los resultados en las siguientes páginas.

1. Al pasar frente a la librería, tu hijo pide que le compres un libro que ve en la vitrina:

❑ a. Le haces notar que no se puede saber si un libro es bueno solo por verlo en la vitrina.
❑ b. Le preguntas si realmente necesita el libro, para no gastar inútilmente.
❑ c. Le preguntas si realmente lo quiere y por qué.
❑ d. Dudas, dividido entre las ganas de complacerlo y la idea de que diez metros más adelante se habrá olvidado del libro...

2. Tu hijo se sentó a colorear y se le ocurre la mala idea de continuar el dibujo sobre las mangas de tu ropa:

❑ a. Le recuerdas que hay que dibujar sobre la hoja.
❑ b. Después de todo, los niños hacen este tipo de tonterías y no es tan grave.
❑ c. Haces un esfuerzo por controlarte, ¡pero no puedes evitar regañarlo diciéndole que si dibuja sobre la ropa, la arruina!
❑ d. Lo haces cambiar de actividad, diciéndote a tí mismo que la próxima vez no pasará nada.

3. Tu hijo te pregunta si puede participar en el paseo "Trepa árbol" que organiza su escuela:

❑ a. Le preguntas si se siente seguro de sí mismo y le propones que piense en otro tipo de actividades menos riesgosas.
❑ b. ¡Te preguntas cómo es que tu hijo ha llegado a ser tan atrevido!
❑ c. Lo animas a que vaya, diciéndole que se va a divertir mucho.
❑ d. Dudas de su capacidad para hacerlo y lo haces reflexionar sobre las consecuencias de su elección, ya que una vez arriba del árbol, será difícil echarse atrás.

4. Tu hijo corre hacia ti, gritando y lamentándose de que no encuentra su peluche favorito:

❑ a. ¡Es exactamente este tipo de comportamiento lo que más te irrita!
❑ b. Lo abrazas y le dices que lo vas a ayudar a encontrarlo.
❑ c. ¡Y si realmente lo perdió va a ser el acabose!
❑ d. Atraes su atención hacia otra cosa para que se olvide de su peluche.

5. Acompañas a tu hijo hasta la escuela. Una vez que entró, corre para reunirse con sus amigos y no voltea para decirte adiós:

❑ a. De eso se trata ser padre: aceptar la idea de que un día no serás más que un sujeto de preocupación secundaria para tu hijo.
❑ b. Lo observas alejarse, pensando que está creciendo.
❑ c. Miras a su alrededor para ver si los demás niños se comportan de la misma manera.
❑ d. Lo llamas para hacerle ver que, por lo menos, hay que despedirse.

6. Gracias a una maniobra acrobática, tu hijo logra tirar y romper una foto enmarcada de su infancia. ¡Tú estabas muy apegado a esa foto!:

❑ a. No sabes cómo reaccionar, dividido entre las ganas de regañarlo y el hecho de no querer culparlo.
❑ b. Solo eso faltaba; rezongas y tu hijo corre para esconderse.
❑ c. Le pides que te ayude a recoger los pedazos y le explicas lo mucho que querías esa foto.
❑ d. Le preguntas si a ti te ocurriera romper sus juguetes, ¡y le dices que tenga más cuidado con las cosas de los demás!

7. Es la cuarta vez que tu hijo se levanta de la cama y no logras pasar una noche tranquila:

❑ a. Le preguntas qué le sucede e intentas saber si no le duele algo.
❑ b. Después de un largo día, te quejas de tener que seguir ocupán-

dote de los demás sin poder hacer algo para ti tranquilamente.

❏ c. Lo llevas contigo unos minutos y le explicas que ahora quisieras hacer algo para relajarte porque has tenido un día muy ocupado, y luego lo acuestas de nuevo.

❏ d. ¿Y si hubiera alguna cosa que no viste? Debe haber una buena razón para que reaccione de esa manera...

8. Tu hijo regresa de pasar un fin de semana con sus abuelos y, cuando lo ves, te abraza fuertemente:

❏ a. Te arrepientes un poco de haberlo dejado ahí y le preguntas si todo estuvo bien.

❏ b. Lo miras para saber si está bien, y le preguntas a los abuelos si no sucedió nada anormal.

❏ c. ¡También lo abrazas fuertemente y le dices que estás muy contento de verlo de nuevo!

❏ d. Piensas cómo hacerlo la próxima vez, pues de vez en cuando hace bien dejarlo con sus abuelos.

Resultados del test

Consulta qué columna tiene más puntos y lee el perfil dominante para cada una de tus respuestas, tanto para la elección 1, como para la 2.

En la lectura de los perfiles correspondientes, la elección 1 es tu perfil dominante, y la elección 2 es tu perfil bajo estrés, que puede manifestarse y tomar ventaja en una situación de fuerte presión. En relación con tus respuestas de la elección 1, si tienes igual o casi igual de puntos en distintos perfiles, y si hay puntuación baja en cada uno de los perfiles, significa que eres capaz de variar de intensidad en tus respuestas. Sin duda, esto muestra riqueza en tus reacciones, pero también una cierta inconstancia emocional. Para tener más equilibrio, te ayudará poder verbalizar más lo que sientes por las personas importantes para ti.

PERFILES

PREGUNTAS	I	II	III	IV
1	b	c	a	d
	Elección 1 : Elección 2	Elección 1 : Elección 2	Elección 1 : Elección 2	Elección 1 : Elección 2
2	d	a	c	b
	Elección 1 : Elección 2	Elección 1 : Elección 2	Elección 1 : Elección 2	Elección 1 : Elección 2
3	a	c	b	d
	Elección 1 : Elección 2	Elección 1 : Elección 2	Elección 1 : Elección 2	Elección 1 : Elección 2
4	d	b	a	c
	Elección 1 : Elección 2	Elección 1 : Elección 2	Elección 1 : Elección 2	Elección 1 : Elección 2
5	d	b	a	c
	Elección 1 : Elección 2	Elección 1 : Elección 2	Elección 1 : Elección 2	Elección 1 : Elección 2
6	d	c	b	a
	Elección 1 : Elección 2	Elección 1 : Elección 2	Elección 1 : Elección 2	Elección 1 : Elección 2
7	a	c	b	d
	Elección 1 : Elección 2	Elección 1 : Elección 2	Elección 1 : Elección 2	Elección 1 : Elección 2
8	b	c	d	a
	Elección 1 : Elección 2	Elección 1 : Elección 2	Elección 1 : Elección 2	Elección 1 : Elección 2
Registra en cada columna el total correspondiente a tus respuestas	TOTALES			
	Elección 1 : Elección 2	Elección 1 : Elección 2	Elección 1 : Elección 2	Elección 1 : Elección 2

En relación con tus respuestas de la elección 2, si tienes igual o casi igual de puntos en distintos perfiles, y si hay puntuación baja en cada uno de los perfiles, intenta añadir tus respuestas de la elección 1 para ver si de ahí sale un segundo perfil. Si ese es el caso, ese segundo sería tu perfil bajo estrés.

Perfil I:
en apariencia, eres de naturaleza ansiosa

Tienes necesidad de controlar y dominar los elementos para sentirte bien. El mundo impone sus escollos y, como padre, eres del tipo protector, aunque a veces te ves expuesto a presionar a tu hijo para que haga las cosas como lo exiges y no como a él le gustaría hacerlas.

Puedes tener tendencia a someter a tus allegados, seguramente por su bien, pero también en ocasiones lo haces de modo egoísta para aliviar el peso de tu ansiedad. ¡De hecho, existe la posibilidad de que generes en tu hijo un lado rebelde que lo hace sentir que recupera su libertad!

Es posible que, con frecuencia, te aconsejen "soltar", pero es más fuerte que tú. Pide la opinión de tu cónyuge y explícale tu intención a tu hijo cuando le dictas reglas que tiene que respetar. ¡El niño desarrollará naturalmente su autonomía en lugar de provocarte o de someterse pasivamente!

Perfil II:
en apariencia, eres de naturaleza serena

Probablemente tu hijo tiene la posibilidad de crecer en un ambiente agradable y emocionalmente cómodo. Tiene una relación bastante madura con tus propias emociones, y también la habilidad de tomar justa distancia con respecto a tus sentimientos e inclinaciones naturales. Tu postura es la de un padre indulgente, preocupado por tomar en cuenta lo que siente tu hijo, y así ayudarlo a ser consciente de sí mismo. Sin embargo, es posible que tu buena intención te lleve a hacer mucho por él y que tu hijo abuse de ello. Este enfoque puede ser consecuencia de un modelo educativo basado en la tolerancia. De todos modos, es útil marcar los límites y aceptar ser percibido a veces como un padre "no amable". Esta es la contraparte necesaria a una realización equilibrada y rica en intercambios afectivos vitales. ¡Es una hermosa perspectiva!

Perfil III:
en apariencia, eres de naturaleza volátil

Tu sensibilidad es real y te sientes presionado rápidamente cuando tu paciencia se pone a ruda prueba. ¡Maldices con gusto las contrariedades y tu hijo no te salva de ello! No cedes fácilmente y cuando no es suficiente, a pesar de todo, tu sangre hierve. No se puede abusar de tu paciencia sin arriesgarse a verte rugir como el trueno. Tu postura hace de ti un padre del tipo exigente. Esperas que tu hijo haga el esfuerzo necesario en todo, y su eventual relajación te irrita profundamente.

Sin embargo, no mencionas tu naturaleza cómodamente moralista, y eso puede hacer que tu hijo no se sienta a la altura. Reconoce más sus resultados con naturalidad y eleva poco a poco el nivel de tus expectativas, de otro modo, corres el riesgo de desmotivar a tu hijo frente al gran esfuerzo que tiene que hacer.

Perfil IV:
en apariencia, eres de naturaleza
dominada por la duda interior

¡Seguramente tu talón de Aquiles es la autoestima! Naturalmente, te mueve una profunda amabilidad que te lleva a hacer mucho por los demás y, a veces, sin duda, a hacer demasiado. Siempre estás dispuesto a cuestionar tus prácticas educativas, y estás pendiente de progresar permanentemente, aunque también desarrollas fácilmente la tendencia a sentirte culpable. En tus peores momentos de duda, podrías sentirte casi inútil, incluso haciendo dudar a tus hijos sobre sus predisposiciones. Probablemente haces todo lo necesario para evitar que tu hijo esté a merced de este defecto narcisista que te acecha de vez en cuando. Ten cuidado de no sobreestimar a tu hijo en un afán de compensación, pues quizá querría reivindicar la posesión de todos los derechos, pues tanto lo amas. ¡El amor parental probablemente pertenece más al campo del obsequio, que del sacrificio!

¿CÓMO REDUCIR LA INFLUENCIA —POTENCIALMENTE CONTRAPRODUCENTE— DE MIS EMOCIONES EN MIS HIJOS?

A lo largo de este libro, ha sido fácil comprobar que, incluso armado con las mejores intenciones, cualquier padre comete errores educativos, que el desconocimiento de sus emociones le hace ignorar. Cuando estos errores se repiten pueden producir efectos no deseados en los niños: incomprensiones, malos entendidos, frustraciones, inquietudes, angustias, enojos, heridas, sufrimientos, etc. Por el contrario, un conocimiento demostrado de la materia emocional contribuye a reforzar el lazo afectivo y educativo, permitiendo que en este se compartan los propios sentimientos, que entiendas lo que siente tu hijo y que le ayudes, si es apropiado, a restaurar el bienestar, que ha sido alterado temporalmente por una situación desagradable.

En algún momento, todos los padres se han sentido impotentes ante situaciones triviales de la vida cotidiana. Considera los siguientes ejemplos para cada pregunta, asociada a una emoción.

Enojo: ¿Debo regañar a mis hijos?

No debe existir ninguna ambigüedad: el papel de un padre incluye ejercer la autoridad sin abuso ni complacencia. El niño debe comprender por qué se le regaña; y si se le ha castigado es porque se le ha advertido previamente de las posibles consecuencias de su desobediencia.

Regañar a tu hijo es mostrarle que existen límites que no debe exceder, ¡que hay razones para ello y que de ninguna manera es arbitrario! Si la reprimenda es legítima, no hay ninguna razón para sentirse culpable o reprocharse. Un padre constantemente comprensivo se expone a que el niño lleve al máximo los límites de la tolerancia del adulto para ver qué va a suceder. ¡Y en ese punto, el niño se arriesga a no salir decepcionado de su expectativa!

Tienes el derecho de regañar a tus hijos; es una postura natural que refleja tu sentido de responsabilidad y atención a tu hijo. Si hay una reprobación justa y merecida, el niño no sentirá que es una injusticia si se cumplen las condiciones mencionadas anteriormente.

Por otro lado, si el enojo del adulto es injustificado o desproporcionado, es recomendable que el padre vaya a hablar con su hijo después, que le recuerde la intención inicial y que le diga que siente mucho haberse dejado llevar. No hacerlo es dejar que el niño piense que el adulto tiene derechos superiores; y cuando esos derechos se viven de forma exacerbada, puede llevar al niño a rechazar la autoridad parental, así como cualquier otra forma de autoridad parecida (policía, administración, escuela, etcétera).

Miedo: ¿Debo imponer prohibiciones?

La prohibición es la base de cualquier socialización futura. Esta refleja la presencia de un peligro, de un riesgo potencial o de una amenaza eventual. ¡Imponer prohibiciones es fijar límites de lo que no puede ser trasgredido!

El niño asimila lo prohibido desde que se le explica de qué se trata. No hay nada más inadecuado que decirle a tu hijo simplemente: "¡Basta; si sigues jugando con el tomacorriente vas a terminar lastimado! Generalmente el adulto cree que el niño no comprenderá o que no es necesario explicarle, que terminará entendiendo solo. ¡Esto es un burdo error educativo! Un niño que no recibe ninguna explicación, no querrá desarrollar sus propias ideas y tomará la orden a pie juntillas, o bien, para dar sentido la interpretará, exponiéndose a hacerse ilusiones sobre la intención de los padres. Solo haz la prueba; si tienes que prohibirle algo a tu hijo, pregúntale si sabe la razón de esa medida: seguramente su respuesta te sorprenderá...

Si tu hijo es curioso y manifiesta el deseo de entender, de saber más al respecto, invítalo a investigar en lugar de decirle que te molesta y que su curiosidad es excesiva.

¡Los adultos que confunden curiosidad con cuestionamiento intrusivo obligan a sus hijos a escuchar, en vez de animarlos a hacer preguntas! El niño se alimenta de las respuestas que le dan, y sus emociones alimentan su necesidad de entender, de saber. Las respuestas le dan seguridad si tiene miedo, lo consuelan si está triste y reparan el daño si está enojado. Ahora bien, prohibir a tu hijo ser curioso es cortar el circuito de alimentación de su emoción, que se educa adecuadamente mediante el saber y el conocimiento.

Tristeza: ¿Debo consolar sus penas?

Todos los niños viven múltiples penas: la pérdida de su peluche favorito, el juguete roto, las decepciones en el recreo, las tareas muy difíciles, el hermanito o hermanita que parece tener más privilegios, etc. Generalmente, la tristeza de un niño es visible a través de su llanto, de su aislamiento inhabitual, de sus palabras autodevaluantes... Sin embargo, no todos los niños saben buscar al adulto para pedir apoyo.

La tristeza lleva a replegarse en uno mismo, alimenta la falta de deseo de estar dentro del lazo afectivo y hace pensar que hablar de uno mismo molesta al otro y que no vale la pena intentarlo. Entonces, te toca a ti, el adulto, estar atento a las señales de tristeza de tu hijo, y hacerle saber enseguida que no está solo; que si tiene ganas, estás ahí para ayudarlo, para encontrar soluciones junto con él y que estás a su disposición. Pero ten cuidado: imponerle que hable contigo genera, por el contrario, la huida o la evasión.

Un niño triste se evade tan fácilmente que hay que elegir el momento oportuno para hablar con él, no hacerlo en público y no intentar sermonearlo, ni decirle que "no es tan grave" y que le tocará ver cosas peores. Muéstrate constante con este acercamiento.

Alegría: ¿Debo valorar a mis hijos?

No valorar a tu hijo es como imaginar que ofrecer un regalo no puede causar placer. Hazle un cumplido a un niño, felicítalo, dile que estás orgulloso de él y observa su actitud. ¿Cuál es su primera reacción? ¡Probablemente una gran sonrisa, quizá se sienta un poco avergonzado, pero es una sonrisa en todo caso!

¡Compartir tu alegría con tu hijo es darle el regalo de tu estima, de tu afecto y de tu amor! No manifestarle tu alegría, en el reconocimiento de algo que él logró, es privarlo de este regalo. Regresa a tu propia infancia y recuerda lo que más te daba placer. Es probable que entre los ejemplos que te vengan a la mente —si es que hay algunos—, ¡se encuentre la demostración de afecto de alguien cercano a ti por algo que lograste!

Valorar a tu hijo, reconocer sus esfuerzos y logros es apoyar su autoestima, que él podrá ir construyendo y reforzando poco a poco, según sus experiencias.

Un niño que no es valorado por sus padres, tarde o temprano se preguntará el por qué. Y en ese momento, incluso si es adulto, no podrá evitar deducir que quizá no valga lo suficiente para sus seres queridos, y hasta dudará que ellos lo amen.

¡Valorar a tu hijo es decirle que lo amas, más allá de las demostraciones materiales que uno le hace cada día! En estas palabras hay una fuerza insospechada que llena a quien las escucha de una energía y de un deseo incomparables.

CONCLUSIÓN

Ser un padre-madre recurso

Observarse a uno mismo como padre o descubrir a un hijo desde otro ángulo a veces es una tarea más difícil e incómoda de lo que pudiéramos creer. ¡Yo no conozco padres sin defectos! ¡Yo no conozco hijos que no susciten en sus padres sentimientos antagónicos y, sin embargo, compatibles!

Enojarse y reconciliarse un minuto después, arrepentirse de reaccionar excesivamente y luego reparar las heridas provocadas. Estas son las trivialidades de la vida cotidiana ligadas a la función parental.

En el centro de estas relaciones afectivas residen, acechando en la sombra, todas nuestras emociones. Estas traen consigo nuestras heridas más íntimas, nuestros fracasos, nuestros sufrimientos, ¡pero también nuestros más bellos recuerdos, extraídos de nuestras alegrías más intensas!

Poseer las claves de las emociones de nuestros hijos implica, ante todo, aceptar observarse uno mismo, considerar nuestras carencias, nuestros errores o nuestras torpezas como experiencias que nos construyen como padres.

No hay padres que, desde un inicio, sean eficaces, competentes o que estén a la altura. Más bien, ¡son nuestros hijos los que, generalmente, nos hacen descubrir nuestros recursos personales más profundos y nuestro talento para ejercer esta función! Son ellos quienes nos enseñan sobre nosotros mismos y nuestra capacidad para dar, recibir, educar, adaptarnos, etcétera.

Estar en armonía con nuestro registro emocional nos hace cuestionarnos sobre la responsabilidad que tenemos como padres de hacer de nuestros hijos lo que son y lo que serán de adultos.

Los consultorios de psicología abundan en anécdotas sobre cómo las relaciones de padres e hijos son el origen de tal o cual problema afectivo: la dificultad para construir relaciones amorosas sanas, la tendencia salvaje a no respetar los límites, una necesidad irreprimible de echar a perder las alegrías aparentemente efímeras, la tendencia a buscar la traición ahí donde no existe aún, la capacidad de provocar el rechazo del entorno, etc. ¡Los temas son múltiples!

Evidentemente, no se trata de negar los comportamientos devastadores que algunos padres tienen con sus hijos: el maltrato, los abusos sexuales, los chantajes emocionales perversos, son dramas que impactan, a veces para siempre, la psique del niño quien, de adulto, será incapaz de enfrentar ciertas situaciones de la vida. Este tipo de padres nocivos exhibe comportamientos tóxicos que envenenan la vida presente y futura de sus hijos; y cualquiera que haya sido el sufrimiento que condicionó esta conducta, no son menos libres de actuar diferente y conscientemente... ¡Pero sin duda, esos padres tendrían ganas de tirar este libro a la basura, al igual que lo hacen con su moral!

Este libro está dirigido a todos aquellos que, como padres, se dan cuenta de que a veces están desprovistos frente a ciertas reacciones de sus hijos; de que son torpes en algunas de sus interacciones; de que, a pesar de ellos, se inclinan a reproducir lo que ellos vivieron o sufrieron de niños; y de que, en ocasiones, siguen condenando.

Este libro está dirigido a cada uno de nosotros, capaz de decirse que tiene una de las responsabilidades más serias que existen, que es dar vida a un ser y permitirle crecer, realizarse, hacer que sufra lo menos posible y construir su felicidad actual y futura.

Pero, ¿hasta dónde debemos sentirnos responsables de aquello en lo que se convierten nuestros hijos?

Recuerda el niño que fuiste y el adulto en el que te convertiste. Padre, madre, indudablemente nuestra responsabilidad e influencia es inmensa, ¡pero la libertad de nuestro hijo de ser quien es, ahora y en un futuro, es aún más grande!

Ser padre es ofrecer el espacio para compartir, el espacio de apoyo, de amor que nos hace ser uno de los recursos más valiosos para nuestro hijo. Ser un padre-madre recurso, muy pocas cosas son así de valiosas.

AGRADECIMIENTOS DEL AUTOR

Es habiendo trabajado cerca de adultos como la conclusión se presentó. ¡A ninguno de nosotros se nos enseñó a manejar las emociones! Es como si enfrentar nuestros sentimientos (con más o menos gozo y destreza) fuera evidente. Ningún sistema educativo, de la escuela primaria a los estudios superiores, nos prepara para hacer frente a las perturbaciones emocionales que la vida nos presenta. Nuestros padres están sujetos a las vicisitudes de sus propias tribulaciones emocionales, que a veces incluyen a tus hijos. Por lo tanto, agradezco a todos los adultos con los que he trabajado de cerca todos los días. Cada uno de ellos me ha permitido medir el impacto de las interacciones emocionales con sus propios padres, y la manera en que estas dictan, condicionan o influencian los futuros comportamientos de adulto tanto en el trabajo, como en el amor o en la amistad.

Y luego están mis cinco hijos, ¡"campos" de observación magníficos! A pesar de ser un padre "instruido" en el tema de la influencia de nuestras emociones en la personalidad de los hijos, no estoy menos sujeto a mis enojos, mis miedos y mis tristezas ocasionales. Me esfuerzo para que ellos sufran lo menos posible mis propias "carencias" afectivas, e intento ser un recurso en los momentos oportunos. Juntos aprovechamos los momentos de alegría con gran deleite, ¡y eso es ya increíblemente valioso!

Mi esposa, cuyo equilibrio emocional me permite experimentar lo que significa haber encontrado a mi "alma gemela". Nuestras emociones se complementan, se evalúan sin jamás desafiarse inútilmente, se armonizan y se alinean para hacer de nuestra vida cotidiana una dicha compartida.

Y, para terminar, me acompañó la paciencia de Tatiana y Julie, en Fleurus; ellas confiaron en mí y deseo honrar esa confianza. Nunca se enojaron y sus miedos ocasionales nunca me alteraron. ¡Ellas dos son socias eficientes, al servicio de sus autores! Gracias.

TÍTULOS DE ESTA COLECCIÓN

Aprendizaje acelerado. *Linda Kasuga, Carolina Gutiérrez y Jorge Muñoz*

Cómo comprender las emociones de nuestros hijos. *Robert Zuili*

Crear soluciones. La caja de herramientas. *Richard Fobes*

El canto del elefante. *Patricia Salazar Villava*

El dinero es mi amigo. *Phil Laut*

El poder de la acción positiva. *Ivan Burnell*

Fast track. Vía rápida al éxito. *Roger Fritz*

Haga de cada cliente un amigo. *Valentina Leñero*

La revolución del aprendizaje. *Gordon Dryden y Dr. Jeannette Vos*

Las doce leyes universales del éxito. *Herbert Harris*

Niños índigo, ¿una verdad sublime o un mito pernicioso? *Roberto Mares*

¿Otro libro de autoayuda?... ¡No! *Dr. David Fong*

PNL. La llave del éxito. *Rosseta Forner*

Psicología y alquimia. *C. G. Jung*

Sabiduría y picardía para empresas y negocios. *Valentina Leñero*

Tin-tín. Cómo utilizar la intuición. *Arupa Tesolin*

Transformando el sufrimiento en poder. *Doris Helge*

Este libro se terminó de imprimir en el mes de
Noviembre del 2015, en Impresos Vacha, S.A. de C.V.
Juan Hernández y Dávalos Núm. 47, Col. Algarín,
México, D.F., CP 06880, Del. Cuauhtémoc.